KB117283

문법의 마무리와 독해의 시작

5가지 문장형식
처음독해

PLAY & LEARN with ACTIVITY BOOKS

머리말

안녕하세요, 영어응급실 지원쌤입니다. 여러분들의 영어를 구해 드리겠습니다!

현재 저는 EBS 〈잉글리시 서바이벌〉, 〈더뉴 중학영어〉, SBS 〈꾸러기 탐구생활〉 등의 방송을 통해 쉽고 재미있게 영어를 알려 드리고 있고요. 유튜브 〈영어응급실 지원쌤〉을 통해서도 많은 영어 학습자 분들과 소통하고 있습니다.

영어를 가르친 지 벌써 10여 년이 되어 갑니다. 그동안 영어 유치원부터 초등, 중등, 고등, 수능 영어, 토익과 텝스, 그리고 대기업의 비즈니스 영어 강의까지 전 영역 & 전 연령대를 아우르는 티칭 경험을 쌓았습니다. 안 가르쳐 본 영역이 드물다 싶을 때 쯤 찾아온 깨달음이 있습니다.

"어떤 영어이든, 의미 단위로 끊어서 생각할 수 있어야 하는구나!"

'영어 초보'인 분에게는 영어가 단어들의 나열로만 보일 수밖에 없습니다. 그런데 의미 단위로 문장을 끊고, 각각의 덩어리가 문장에서 어떤 역할을 하는지를 연습하면, 문장이 한눈에 들어오게 되어, 비로소 영어를 이해할 수 있게 돼요. 그러고 나면, 덩어리들이 모인 문장들에는 몇 가지 유형이 있다는 것을 알게 됩니다. 그것이 바로, 우리가 중·고등학교에서 열심히 배우는 5형식이라는 겁니다.

많은 분들이 '문장의 5형식'을 얘기하면 표정이 어두워집니다. '1형식은 뭐다, 2형식은 어떻다' 그냥 잠깐 외울 뿐입니다. 그게 얼마나 중요한지, 왜 배워야 하는지 모르기 때문에 자꾸만 '영어 초보'로 돌아오게 되죠. 하지만 문장을 의미 단위로 끊어, 문장의 형식에 익숙해지게끔 연습하고 나면, 대부분 "이런 건 전혀 몰랐다, 영어가 확 트인다, 갑자기 영어가 쉽게 느껴진다."라고 하십니다.

그래서, 오로지 5개의 챕터, 1~5형식에 기초하여, 문장을 의미의 덩어리로 끊고, 각각의 역할에 따라 해석하는 연습이 가능한 교재를 기획하게 되었습니다. 기본에 가장 충실하고, 가장 필요한 내용만을 엄선하여 담은 '5형식 기반의 독해책'입니다.

맥락 없이 해당 문법 내용만 담겨 있는 예문들의 연속이 아니라, 하나의 이야기가 연결되는 "재미있는 독해책!" 초보들도 이야기책을 읽듯 쉽게 접근할 수 있고, 재미있게 읽다 보면 반복되는 구조의 문장들이 제대로 각인되는 독해책!

이제 여러분들이 끊임없이 질문을 주시던 '기초 영어 독해/문장 구조 훈련서 추천'에, 자신 있게 권해 드릴 수 있습니다. 쉽고 재미있지만, 치밀하고 체계적인 〈5가지 문장형식, 처음독해〉가 여러분의 영어를 구해 드릴 것입니다!

영어응급실 지원쌤 드림

구성 및 특징

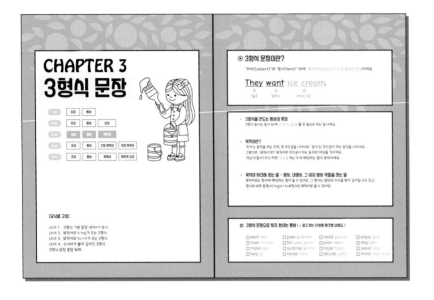

_ 챕터 시작 페이지: 챕터에서 다루는 형식의 큰 틀과 추가적인 문법 사항을 확인할 수 있어요.
해당하는 문장 형식에서 자주 쓰이는 동사들을 확인해요.

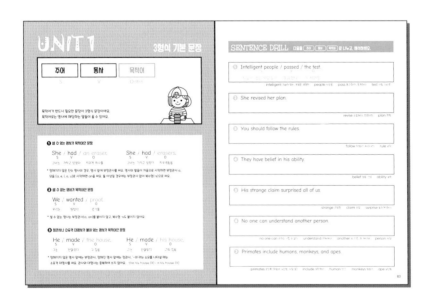

_ 유닛 시작 페이지: 해당 형식의 기본 문장과 확장 문장을 확인해요.
_ SENTENCE DRILL: 해당 형식의 문장들을 의미 단위로 분석, 해석하는 연습을 해요.

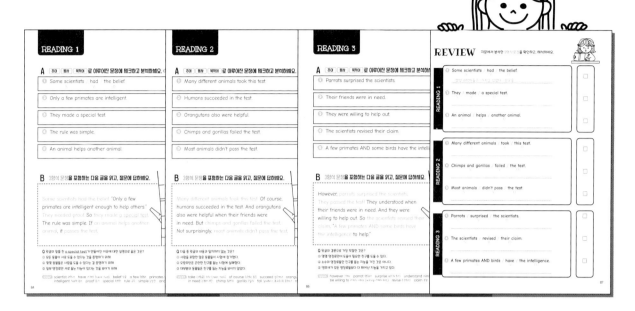

_ READING 1~3: A. 주어진 문장 중에서 해당 형식 문장에 체크하고, 분석해요.
B. 위에서 분석한 문장들이 들어 있는 재미있고 연속되는 리딩 1, 2, 3을 읽어요.
지문을 제대로 이해했는지 관련 문제로 확인해요.
_ REVIEW: 지문에서 분석한 해당 형식의 문장을 다시 한 번 분석하고 해석하면서 복습해요.

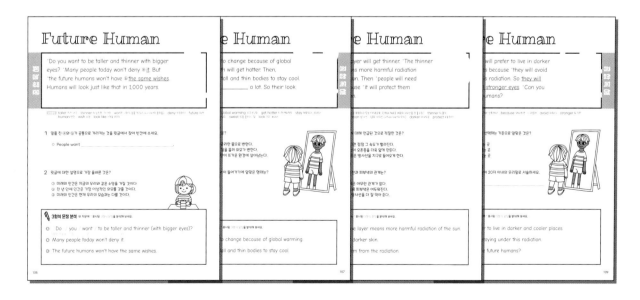

_ 종합 독해: 유닛별로 익힌 해당 문장 형식으로 이루어진 재미있고 연속되는 스토리 1~4를 읽어요.
_ 독해 문제를 풀어 지문을 잘 이해했는지,
문장 분석 문제를 통해 해당 형식의 문장에 익숙해졌는지 확인해요.

목차

5가지 문장 형식

《우리말과 영어의 가장 큰 차이점은 어순이에요.》

	한국어	영어
예문	나는 너를 좋아해. (O) 좋아해 나는 너를. (O) 좋아해 너를 나는. (O) 너를 나는 좋아해. (O)	I like you. (O) Like I you. (X) Like you I. (X) You I like. (X)
차이점	단어들의 순서가 바뀌어도 같은 의미로 뜻이 통함	단어들의 <u>순서가 바뀌면,</u> <u>의미가 통하지 않음</u>

《왜 이런 차이가 생겼을까요?》
한국어의 경우에는 '조사(은/는/이/가/을/를 등)'가 있어서, 순서를 막 바꿔도 말이 돼요.
하지만, 영어에는 조사가 없고, 단어만 나열되어 있어요.
그래서, 영어에서는 이 순서를 어기면 말이 아예 안 되는 것이에요.

《5형식은 왜 태어났을까요?》
영어의 가장 기본적인 약속은 단어의 순서(어순)를 지키는 것이에요.
그래서 어떤 단어를 어느 자리에 쓰는가를 5가지 형식으로 정해 놓았어요.

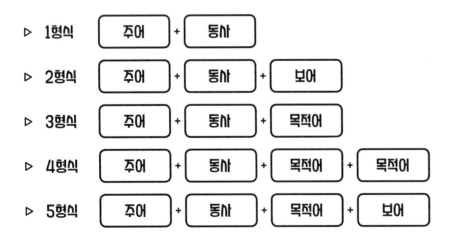

▷ 1형식 　[주어] + [동사]

▷ 2형식 　[주어] + [동사] + [보어]

▷ 3형식 　[주어] + [동사] + [목적어]

▷ 4형식 　[주어] + [동사] + [목적어] + [목적어]

▷ 5형식 　[주어] + [동사] + [목적어] + [보어]

각각의 요소들을 덩어리로 끊어 읽을 수 있어야 문장의 해석이 가능해지면서,
독해의 속도가 점차 빨라지고, 정확한 독해 또한 가능해집니다.
이것이 바로, 우리가 5형식을 배워야 하는 이유예요.

문장 구성 요소 - 주어, 동사

<<'주어가 뭐야?'라고 물어보면, 이렇게 4가지 이야기하기!>>

1. **정의**: 문장의 주인공
2. **해석**: ~은 / ~는 / ~이 / ~가
3. **품사**: 명사 (=사람·사물의 이름)
4. **위치**: 문장의 맨 앞

<<주어 자리에 쓰이는 말은 모두 명사에 해당하는 다양한 말이에요.>>

- Pizza is delicious. 피자는 맛있다. <명사 주어>
- He goes to school. 그는 학교에 간다. <대명사 주어>
- This beautiful red dress is mine. 이 아름다운 빨간 드레스는 내 것이다. <명사구 주어>
- Learning English is fun. 영어를 배우는 것은 재미있다. <동명사구 주어>
- What I like the most is her. 내가 가장 좋아하는 것은 그녀이다. <명사절 주어>

* 명사, 대명사, 명사구, 동명사, 명사절 등등... 결국은 다 명사예요!!

<<'동사가 뭐야?'라고 물어보면, 이렇게 4가지 이야기하기!>>

1. **정의**: 문장의 주인공의 상태나 행하는 동작
2. **해석**: ~이다 / ~하다
3. **품사**: 동사
4. **위치**: 주어 바로 뒤

<<동사는 주어에 따라, 시제에 따라, 조동사에 따라 다양한 형태로 변해요.>>

- My name is Allison. 내 이름은 Allison이다. <be동사 현재>
- He likes reading comic books. 그는 만화책 읽는 것을 좋아한다. <일반동사 현재>
- They danced together. 그들은 함께 춤췄다. <과거>
- I will be back. 나는 다시 돌아올 것이다. <미래>
- He is playing baseball. 그는 야구를 하는 중이다. <현재 진행>
- I can swim. 나는 수영할 수 있다. <조동사 + 동사원형>

문장 구성 요소 - 목적어

<<'목적어가 뭐야?'라고 물어보면, 이렇게 4가지 이야기하기!>>

1. **정의**: 문장의 주인공이 하는 일을 당하는 애, '대상'이라는 말이 나오면 목적어
2. **해석**: ~을 / ~를 , (가끔은) ~에게
3. **품사**: 명사
4. **위치**: 동사 바로 뒤(에 올 수도 있고~ 안 올 수도 있고~)

<<목적어는 직접 목적어와 간접 목적어, 2가지가 있어요.>>

직접 목적어
'~을', '~를'로 해석
I like <u>you</u>.
나는 너를 좋아해.

간접 목적어
'~에게'로 해석
I gave <u>you</u> a pen.
나는 너에게 펜을 줬어.

▷ 직접 목적어
- I like pizza. 나는 피자를 좋아해. <명사 목적어>
- I hate you. 나는 너를 싫어해. <대명사 목적어>
- I love reading comic books. 나는 만화책 읽는 것을 사랑해. <동명사 목적어>
- I want to know you. 나는 너를 알기를 원해. <to부정사 목적어>
- I know that you love me. 나는 네가 날 사랑한다는 것을 알아. <명사절 목적어>

▷ 간접 목적어
- He gives us <u>a present</u>. 그는 우리에게 선물을 준다. <간접 목적어+명사 직접 목적어>
- Jane told me <u>that Mike loves me</u>. Jane은 나에게 <u>Mike가 나를 사랑한다</u>고 말했다. <간접 목적어+명사절 직접 목적어>

문장 구성 요소 - 보어

《〈'보어가 뭐야?'라고 물어보면, 이렇게 4가지 이야기하기!〉》

---

1. **정의**: 보충하는 말
2. **해석**: 붙이는 조사가 없어요! 예문으로 접근해요!
3. **품사**: 명사 또는 형용사 (= 사람이나 사물의 성질이나 상태를 나타내는 말)
4. **위치**: 주격 보어는 동사 뒤 / 목적격 보어는 목적어 뒤

"주어, 동사까지 썼는데 그대로 끝내자니 이상해.

그렇다고 '~을/~를' 쓰자니 더 이상하네? 에잇, 보충하는 말을 만들어 버리자!"

만약 "I am (나는)." 이렇게 문장이 끝난다면 어때요? 굉장히 어색하죠?

그렇다고 뒤에 목적어(~을/~를)가 온다면 "나는 학생을 이다." 더 이상해요!

＊ 결론: 비워 두면 어색하고, '~을/~를'로 채우자니 더 이상하다면? 그게 바로 보어!

《〈보어는 주격 보어와 목적격 보어, 2가지가 있어요.〉》

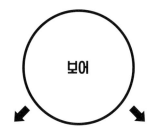

주격 보어
주어를 보충 설명
I am <u>sad</u>.
나는 <u>슬프다</u>.

목적격 보어
목적어를 보충 설명
I made <u>her sad</u>.
나는 <u>그녀를 슬프게</u> 했다.

▷ 주격 보어
• I am a student. 나는 학생이다. 〈명사 주격 보어〉
• I am pretty. 나는 예쁘다. 〈형용사 주격 보어〉

▷ 목적격 보어
• They call <u>him</u> Mike. 그들은 <u>그를</u> Mike라고 부른다. 〈명사 목적격 보어〉
• I can make <u>you</u> rich. 나는 너를 부유하게 만들 수 있다. 〈형용사 목적격 보어〉

문장 구성 요소 - 수식어

<<'수식어가 뭐야?'라고 물어보면, 이렇게 4가지 이야기하기!>>

1. **정의**: 꾸며 주는 말
2. **해석**: 형용사 - ~ㄴ / ~ㄹ (착한, 마실)   부사 - ~하게 / ~히 (귀엽게, 열심히)
3. **품사**: 형용사, 부사, 전치사구 (전치사구도 형용사나 부사처럼 수식을 함)
4. **위치**: 형용사 - 꾸며 주는 명사의 앞뒤
     부사 - 명사 빼고 다 꾸밈 (동사, 형용사, 부사, 문장 전체)

<<수식어는 형용사, 부사, 전치사구 3가지가 있어요.>>

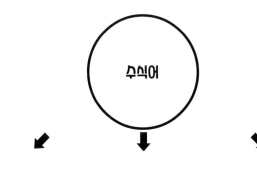

형용사
'~한', '~할'로 해석
<u>happy</u> people
행복한 사람들

부사
'~하게', '~히' 등으로 해석
Study <u>hard</u>.
열심히 공부해라.

전치사구
〈전치사 + 명사〉의 형태
Study <u>in your room</u>.
네 방에서 공부해라.

▷ 형용사
• She is a good <u>teacher</u>. 그녀는 좋은 선생님이에요. 〈명사 앞에서 수식〉
• She has <u>something</u> interesting. 그녀는 재미있는 무언가를 가지고 있어. 〈명사 뒤에서 수식〉

▷ 부사
• I <u>leave</u> the house early. 나는 일찍 집을 나선다. 〈문장 맨 뒤에서 동사 수식〉
• I often <u>see</u> her. 나는 종종 그녀를 만난다. 〈동사 앞에서 동사 수식〉

▷ 전치사구
• Bring <u>the pen</u> on the desk. 책상 위에 있는 그 펜을 가져와. 〈명사 뒤에서 수식〉
• He <u>does</u> his homework at night. 그는 밤에 숙제를 한다. 〈문장 맨 뒤에서 동사 수식〉

문장 구성 요소 정리

Subject 주어 (S)	피자는 맛있다. Pizza is delicious.
Verb 동사 (V)	그들은 영화를 즐긴다. They enjoy movies.
Object 목적어 (O)	민지는 과학을 좋아해. Minji likes science.
Complement 보어 (C)	저것은 나의 자전거예요. That is my bike.
Modifier 수식어 (M)	나는 아침에 운동한다. I exercise in the morning.

시제

《〈시제 총정리〉》

시제는 크게 현재, 과거, 미래로 구분하며, 각각 단순, 진행, 완료로 구분해요.
아래에서 보듯이, 동사의 형태를 바꾸어 시제를 표현해요.

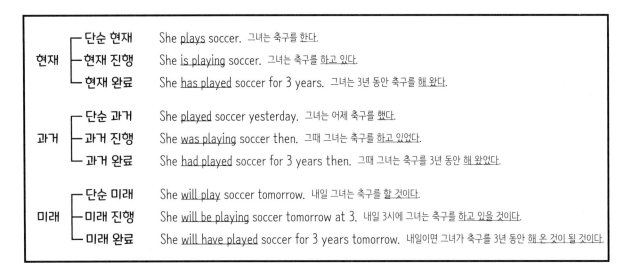

현재	단순 현재	She <u>plays</u> soccer. 그녀는 축구를 한다.
	현재 진행	She <u>is playing</u> soccer. 그녀는 축구를 <u>하고 있다</u>.
	현재 완료	She <u>has played</u> soccer for 3 years. 그녀는 3년 동안 축구를 <u>해 왔다</u>.
과거	단순 과거	She <u>played</u> soccer yesterday. 그녀는 어제 축구를 했다.
	과거 진행	She <u>was playing</u> soccer then. 그때 그녀는 축구를 <u>하고 있었다</u>.
	과거 완료	She <u>had played</u> soccer for 3 years then. 그때 그녀는 축구를 3년 동안 <u>해 왔었다</u>.
미래	단순 미래	She <u>will play</u> soccer tomorrow. 내일 그녀는 축구를 할 것이다.
	미래 진행	She <u>will be playing</u> soccer tomorrow at 3. 내일 3시에 그녀는 축구를 <u>하고 있을 것이다</u>.
	미래 완료	She <u>will have played</u> soccer for 3 years tomorrow. 내일이면 그녀가 축구를 3년 동안 <u>해 온 것이 될 것이다</u>.

이 책에서는 '단순 현재', '현재 진행', '단순 과거', '단순 미래' 4가지 시제만 다루며, 그 4가지 시제에서 긍정, 부정, 의문문은 물론, 〈조동사 + 동사〉 등 동사의 어순(자리)을 비롯한 5가지 문장 형식에 집중하고 있어요.

▷ 현재: 지금의 상태, 지금 일어나는 일
- 형태: 대부분 동사원형 / 주어가 3인칭 단수일 때 동사원형+-s
- I am pretty. 나는 예쁘다.   - She likes you. 그녀는 너를 좋아한다.

▷ 과거: 지금보다 이전의 상태, 이전에 일어났던 일
- 형태: 대부분 동사원형+-ed / 불규칙
- I liked math. 나는 수학을 좋아했다.   - He was handsome. 그는 잘생겼었다.

▷ 미래: 지금보다 나중에 일어날 일, 일어날 예정인 일
- 형태: will + 동사원형
- We will be 17. 우리는 17살이 될 것이다.   - Allison will send a message. Allison이 메시지 하나를 보낼 것이다.

▷ 현재 진행: 지금 어떤 일이 계~속 일어나는 중임을 표현
- 형태: be동사(am, are, is) + 동사-ing
- I am studying. 나는 공부를 하는 중이다.   - She is being foolish. 그녀는 어리석게 굴고 있다.

시제와 동사의 형태

현재형 Present	민지는 영어를 배운다. Minji learns English.

과거형 Past	민지는 영어를 배웠다. Minji learned English.

미래형 Future	민지는 영어를 배울 것이다. Minji will learn English.

진행형 Progressive	민지는 영어를 배우는 중이다. Minji is learning English.

조동사 Auxiliary	민지는 영어를 배울 수 있다. Minji can learn English.

구와 절

<<구(phrase)란 무엇일까요?>>

구(phrase)는 ① 둘 이상의 단어들이 모여, ② 하나의 품사 역할을 하는 의미 덩어리를 말해요.

▷ 우리말과 영어에서의 '구'

- <u>도시에 사는 것</u>은 재미있다.

- <u>Living in a city</u> is fun.

      주어 (S) → 2개 이상의 단어들이 하나의 의미 덩어리로 주어(명사)의 역할

위에 나온 하나의 의미 덩어리는 명사로서 주어 역할을 하고 있어요. 그래서 이를 '명사구'라고 불러요.
품사별로 두 단어 이상의 의미 덩어리를 동사구, 형용사구, 부사구, 전치사구 등으로 불러요.

<<절(clause)이란 무엇일까요?>>

절(clause)은 ① 둘 이상의 단어들이고, ② 그 안에 <주어 + 동사> 관계가 있는 덩어리를 말해요.

▷ 우리말과 영어에서의 '절'

- 나는 <u>그들이 도시에 산다고</u> 생각한다.

- I think <u>they live in a city</u>.

      목적어 (O) → 2개 이상의 단어들이며 그 안에 <주어 + 동사>가 있는 하나의 의미 덩어리

절(clause)은 크게 등위절과 종속절로 구분되고, 종속절에는 명사절, 형용사절, 부사절이 있어요.

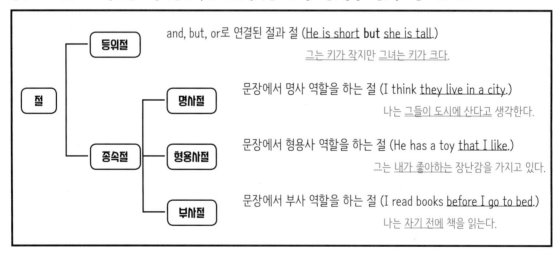

<<구와 절의 만능 정의>>

이 책에서는 등위절이나 명사절만 간단하게 다루었어요. 너무 겁먹지 말고, 그냥 '큰 틀'만 봐 주세요. 아, 이런 게 있구나~~

"문장 안에서 [ㅇㅇ] 역할을 하는 구를 [ㅇㅇ구]",

"문장 안에서 [ㅇㅇ] 역할을 하는 절을 [ㅇㅇ절]"이라고 한다는 것만 알아 두세요.

문장의 종류

긍정문 Affirmative	민지는 영어를 배운다. Minji learns English.
부정문 Negative	민지는 영어를 배우지 않는다. Minji doesn't learn English.
의문문 Interrogative	민지는 영어를 배우나요? Does Minji learn English?
명령문 Imperative	영어를 배우세요. Learn English.
청유문 Request	영어를 배웁시다. Let's learn English.

CHAPTER 1
1형식 문장

1 형식	주어	동사		
2 형식	주어	동사	보어	
3 형식	주어	동사	목적어	
4 형식	주어	동사	간접 목적어	직접 목적어
5 형식	주어	동사	목적어	목적격 보어

[유닛별 구성]

◉ 1형식 문장이란?

"주어(Subject)"와 "동사(Verb)"로만 이루어진 문장이에요.

She　　walks.
　S　　　 V
그녀는　　 걷는다

▷ **주어란? 동사란?**

주어는 문장의 주인공으로 우리말에서 문장 맨 앞에 '~은/~는/~이/~가'가 붙는 말이에요.

동사는 주어의 상태나 동작을 나타내는 말로, 우리말에서는 문장 끝에 '~이다/~하다'에 해당하는 말이에요.

▷ **1형식을 만드는 동사의 특징**

1형식 동사는 동사 뒤에 목적어나 보어 등 다른 말을 필요로 하지 않아요.

▷ **문장의 형식에 영향을 미치지 않는 수식어**

문장 끝에 수식어가 붙어서 문장이 풍성해져도, 1형식 문장이라는 뼈대는 변하지 않아요.

She　　walks　　(very fast).
　S　　　 V　　　 (수식어)
그녀는　　 걷는다　　 매우 빠르게　　 * very fast(매우 빠르게)가 없어도 완전한 1형식 문장이에요.

➤ **1형식 문장에서 자주 쓰이는 동사** (√ 알고 있는 단어에 체크해 보세요.)

☐ go 가다　　　　☐ come 오다　　　☐ worry 걱정하다　　☐ work 일하다

☐ laugh 웃다　　 ☐ cry 울다　　　 ☐ begin 시작하다　　☐ happen 발생하다

☐ live 살다　　　☐ die 죽다　　　 ☐ arrive 도착하다　　☐ agree 동의하다

☐ run 달리다　　 ☐ walk 걷다　　　☐ sleep 자다　　　　☐ get up 일어나다

UNIT 1

주어	동사
S	V

모든 문장에는 주어와 동사가 하나씩은 꼭 있어야 해요.
주어와 동사로만 이루어져 있고,
동사 뒤에 목적어나 보어가 필요하지 않는 문장을 1형식 문장이라고 해요.
동사는 시제에 따라 변할 수 있고, 동사 앞에 조동사가 붙을 수도 있어요.

❶ 현재 시제가 쓰인 문장

My friend / talks / (about her family).
  S   V   (수식어)
내 친구가   말한다   그녀의 가족에 대해서

* 현재 시제는 동사원형으로 써요. 단, 주어가 3인칭 단수일 때는 동사 뒤에 -(e)s를 붙여서 써요.

❷ 현재 진행형이 쓰인 문장

The baby / is crying.
  S   V
그 아기는   울고 있다

* 현재 진행되고 있는 일은 〈be동사 + 동사-ing〉를 사용하고, be동사는 주어에 따라 달라져요.
  부정문은 be동사 뒤에 not을 써요.

❸ 〈조동사 + 동사원형〉이 쓰인 문장

We / shouldn't cry.
 S   V
우리는   울지 말아야 한다

* 동사 앞에는 조동사 will(~할 것이다), can(~할 수 있다), may(~할지 모른다), must(~해야만 한다),
  should(~해야 한다) 등이 붙을 수 있고, 부정문은 조동사 뒤에 not을 써요.

SENTENCE DRILL
다음을 [주어] [동사] 로 나누고, 해석하세요.

1 Bad things / can happen.
S　　　V
나쁜 일들이　일어날 수 있다

bad 나쁜　happen 일어나다, 발생하다

2 He is working.

work 일하다

3 The girl screams.

scream 비명[소리] 지르다

4 I am not joking.

joke 농담하다

5 The insect will not die.

insect 곤충　die 죽다

6 They should come.

come 오다

7 The impossible plan will succeed.

impossible 불가능한　plan 계획　succeed 성공하다

23

READING 1

A 주어 동사 로만 이루어진 문장에 체크하고 분석하세요. (3개)

① You order some bread. ☐

② Your food / comes. ☑
    S   V

③ We made them with fresh insects. ☐

④ You may scream. ☐

⑤ She is joking. ☐

B 1형식 문장을 포함하는 다음 글을 읽고, 질문에 답하세요.

You are in a restaurant. You order some bread and a smoothie. Finally, your food comes. And the waitress says "We made them with fresh insects." You may scream. Or you may laugh because you think she is joking.

Q 윗글에서 식당 손님이 소리 지르거나 웃는 이유로 알맞은 것은?

① 식탁 위에 곤충이 있어서

② 음식이 곤충으로 만들어져서

③ 주문하지 않은 음식이 나와서

WORD restaurant 레스토랑, 식당   order 주문하다   bread 빵   smoothie 스무디   finally 마침내   waitress 여자 종업원
make 만들다 (make-made)   insect 곤충   scream 소리[비명] 지르다   laugh 소리 내어 웃다   joke 농담하다

24

READING 2

A [주어] [동사] 로만 이루어진 문장에 체크하고 분석하세요. (2개)

① This can happen. ☐

② I will never eat insects! ☐

③ I will die. ☐

④ You enjoy chocolate. ☐

⑤ You are eating them. ☐

B 1형식 문장을 포함하는 다음 글을 읽고, 질문에 답하세요.

In the near future, this can really happen.
You may say, "I will never eat insects!" or
"I will die if I have to." But if you enjoy
chocolate, pizza, or spaghetti, you are
already eating them. Don't frown.

Q 다음 중 윗글의 내용과 일치하지 않는 것은?
① 미래에 곤충을 먹는 일은 일어나지 않을 것이다.
② 우리는 이미 몇몇 음식을 통해 곤충을 먹고 있다.
③ 초콜릿, 피자, 스파게티 안에 곤충이 들어 있을 수 있다.

WORD future 미래 really 정말로 happen (일이) 일어나다, 발생하다 never 절대 die 죽다 if 만약 ~이라면
have to ~해야만 하다 enjoy 즐기다 already 이미 frown 얼굴을 찡그리다

READING 3

A 주어 동사 로만 이루어진 문장에 체크하고 분석하세요. (2개)

1. It is impossible. ☐

2. You won't die. ☐

3. They are good for your health. ☐

4. You shouldn't cry. ☐

5. It is safe. ☐

B 1형식 문장을 포함하는 다음 글을 읽고, 질문에 답하세요.

It is impossible to remove all the insect parts in the cocoa beans and tomatoes. But don't worry. You won't die. Actually, they are good for your health. You shouldn't cry. It's totally safe.

Q 윗글의 내용으로 일치하는 것은?

① 어느 정도의 곤충이 포함된 음식은 위험하지 않다.

② 곤충이 들어 있는 코코아 빈을 먹으면 죽을 수 있다.

③ 음식 재료에 곤충이 들어가는 것은 절대 불가능하다.

WORD impossible 불가능한 remove 제거하다 part 부분 cocoa bean 코코아 빈 (초콜릿의 원료) tomato 토마토
worry 걱정하다 actually 사실 health 건강 should ~해야 한다 totally 완전히 safe 안전한

REVIEW

지문에서 분석한 1형식 문장을 확인하고, 해석하세요.

READING 1

② Your food / comes.
　　　　S　　　　　V

당신의 음식이　나온다

④ You / may scream.
　　S　　　　V

⑤ She / is joking.
　　S　　　V

READING 2

① This / can happen.
　　S　　　V

③ I / will die.
　S　　　V

READING 3

② You / won't die.
　　S　　　V

④ You / shouldn't cry.
　　S　　　V

UNIT 2

수식어가 붙어 길어진 1형식

주어	동사	수식어
S	V	( )

1형식 문장은 주어와 동사로만 이루어져 있지만, 동사 뒤에 다양한
수식어들이 붙을 수 있어요. 전치사구나 부사구가 붙으면, 문장이 더욱
풍성해져요. 수식어는 문장의 형태에는 영향을 미치지 않아요.

---

❶ 수식어로 전치사구가 있는 문장

They / go / (to the park) (on Sundays).
　　S　　　V　　　(수식어)　　　　(수식어)
　그들은　간다　　그 공원으로　　　　일요일에

* 문장 뒤에 올 수 있는 다양한 전치사구를 알아 두세요. 전치사구는 〈전치사＋명사〉예요.

in the house 그 집에서	around here 여기 근처에서	at night 밤에
about that 그것에 대해서	for a week 1주일 동안	at the same time 동시에

❷ 수식어로 부사구가 있는 문장

He / can't sleep / (well) (every day).
　S　　　V　　　　(수식어)　(수식어)
　그는　　잘 수 없다　　잘　　　매일

* 문장 뒤에 올 수 있는 다양한 부사구를 알아 두세요.

well 잘	at all 전혀	a lot 많이
every day 매일	very fast 매우 빨리	really slowly 정말 느리게

SENTENCE DRILL 다음을 [주어] [동사] (수식어) 로 나누고, 해석하세요.

1 We / go / (to the public park).
S   V   (수식어)
우리는 간다   그 공공 공원으로

public park 공공 공원

2 He lives in Seoul.

live 살다

3 His idea doesn't count at all.

count 중요하다   at all 전혀

4 My neighbors work very hard.

neighbor 이웃 work 일하다 very hard 매우 열심히

5 The noise will last for some days.

noise 소음 last 지속되다 for ~ 동안

6 The manager is walking around the sign.

manager 관리인, 매니저 walk 걷다 around ~ 주위에 sign 표지판, 신호

7 They may complain about the problem.

complain 불평하다 about ~에 대해서 problem 문제

READING 1

A

주어 동사 (수식어) **로 이루어진 문장에 체크하고 분석하세요. (3개)**

1 I / live / (in Happy Apartment).
   S   V   (수식어) ☑

2 I have two dogs. ☐

3 I go to the park every day. ☐

4 My dogs run around the park. ☐

5 They enjoy meeting other dogs. ☐

B 1형식 문장을 포함하는 다음 글을 읽고, 질문에 답하세요.

I live in Happy Apartment. There is a dog park
near here. I have two dogs. And I go to the park
every day. My dogs run around the park.
They enjoy meeting other dogs.
So I'm happy to live here.

Q 윗글에서 언급되지 않은 것은?

① '나'는 개 공원에 가는 것을 좋아한다.

② '나'는 반려견을 두 마리 키우고 있다.

③ '나'는 개 공원 때문에 이 집에 이사 왔다.

 **WORD** live 살다　apartment 아파트　park 공원　near 가까이　here 여기　every day 매일　run 뛰다
meet 만나다　other 다른　happy 기쁜

READING 2

A 주어 동사 (수식어) 로 이루어진 문장에 체크하고 분석하세요. (3개)

1. A problem begins at night. ☐

2. Many dogs bark a lot at night. ☐

3. Some babies start crying at the same time. ☐

4. Many neighbors complain about the noise. ☐

5. The manager of the apartment put a sign. ☐

B 1형식 문장을 포함하는 다음 글을 읽고, 질문에 답하세요.

But a problem begins at night. Many dogs bark a lot at night. Then some babies start crying at the same time. So I can't sleep well. Many neighbors also complain about the noise.
So the manager of the apartment put a sign. "Be quiet after 10 p.m."

Q 윗글의 밑줄 친 a problem이 가리키는 것은?
① 아기들 울음소리 때문에 개들이 짖기 시작하는 것
② 관리인이 조용히 하라는 안내를 붙이게 된 것
③ 소음으로 밤에 잠을 제대로 잘 수 없는 것

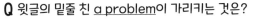

WORD problem 문제 begin 시작되다 night 밤 bark 짖다 at the same time 동시에 well 잘 neighbor 이웃
complain 불평하다 noise 소음 manager 관리인, 매니저 put 놓다 sign 표지판, 간판 quiet 조용한

READING 3

A 주어 동사 (수식어) 로 이루어진 문장에 체크하고 분석하세요. (3개)

1 The sign doesn't work at all. ☐

2 It lasted for only 3 days. ☐

3 We should close the park after 10 p.m. ☐

4 This is a public park. ☐

5 Every opinion counts in here. ☐

B 1형식 문장을 포함하는 다음 글을 읽고, 질문에 답하세요.

But the sign doesn't work at all. It lasted for only 3 days. I think we should close the park after 10 p.m. But some people want to use the park after 10 p.m. This is a public park. Every opinion counts in here. So it's hard to find a solution.

Q 윗글의 결론으로 알맞은 것은?

① 공원 이용 시간에 제한을 두어야 한다.

② 공원은 공공시설로 24시간 개방되어야 한다.

③ 공원 이용에 대한 일치된 의견을 찾기 힘들다.

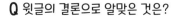 work 효과가 있다, 일하다 at all 전혀 last 지속되다 only 오직 close 닫다 want 원하다 use 사용하다, 이용하다
public 공공의 opinion 의견 count 중요하다, 세다 hard 어려운 find 찾다 solution 해결책

32

REVIEW

지문에서 분석한 1형식 문장을 확인하고, 해석하세요.

READING 1

1 I / live / (in Happy Apartment).
S   V   (수식어)
나는 산다   해피 아파트에서

3 I / go / (to the park) (every day).
S   V   (수식어)   (수식어)

4 My dogs / run / (around the park).
S   V   (수식어)

READING 2

1 A problem / begins / (at night).
S   V   (수식어)

2 Many dogs / bark / (a lot) (at night).
S   V   (수식어)   (수식어)

4 Many neighbors / complain / (about the noise).
S   V   (수식어)

READING 3

1 The sign / doesn't work / (at all).
S   V   (수식어)

2 It / lasted / (for only 3 days).
S   V   (수식어)

5 Every opinion / counts / (in here).
S   V   (수식어)

UNIT 3   동사구가 나오는 1형식

주어	동사구	수식어
S	V	( )

동사는 동사 하나만으로도 동사 역할을 할 수 있지만, 앞에 부사가 붙을 수도 있고,
두 단어 이상이 모여 하나의 동사처럼 쓰일 수도 있어요. 이런 동사를
'동사구'라고 해요. 이 유닛에서는 과거 시제 문장으로 연습해요.

❶ 〈동사 + 부사〉의 동사구가 있는 문장

She / got along well / (with her friends).
  S   V   (수식어)
그녀는   잘 지냈다   그녀의 친구들과

* 〈동사 + 부사〉가 하나의 동사처럼 쓰일 수 있어요.

get up 일어나다   go out 나가다   walk down 걸어 내려가다
pass away 사망하다   stand out 특출나다, 빼어나다   get along well 사이좋게 지내다

❷ 〈부사 + 동사〉의 동사구가 있는 문장

The man / finally stepped / (on the ground).
    S   V   (수식어)
그 남자는   드디어 발을 내딛었다   그 땅에

* 동사 앞에 동사를 꾸며 주는 부사가 올 수 있어요.

❸ 동사의 부정형인 동사구가 있는 문장

The boy / didn't train / (as a singer).
    S   V   (수식어)
그 소년은   훈련받지 않았다   가수로서

* 일반동사의 부정 〈don't/doesn't/didn't + 동사원형〉도 동사구예요. 동사 앞에 never(결코 ~ 않다)를 쓸 수도 있어요.

① The astronaut / passed away / (last year).
S   V   (수식어)
그 우주 비행사는   세상을 떠났다   지난해에

astronaut 우주 비행사   pass away 사망하다, 세상을 떠나다

② She always dreamed of a better life.

always 항상, 언제나   dream 꿈꾸다   of ~에 대하여   better life 더 나은 삶

③ Space engineering actually began long ago.

space 우주   engineering 공학   actually 사실은, 실제로   begin 시작하다 (begin-began)   long ago 오래 전에

④ The pilot never stood out until now.

pilot 비행사   never 결코 ~ 않다   stand out 매우 특출나다, 빼어나다 (stand-stood)   until now 지금까지

⑤ She never trained as a dancer.

train 훈련하다, 훈련받다   as ~로서   dancer 댄서, 무용수

⑥ They also served in the Korea Navy.

also 또한   serve 복무하다   Korea Navy 대한민국 해군

⑦ My colleague didn't get up early yesterday.

colleague 동료   get up 일어나다   early 일찍   yesterday 어제

READING 1

A 주어 동사구 (수식어)로 이루어진 문장에 체크하고 분석하세요. (3개)

1 Neil Armstrong / got up / (from his seat).
   S   V   (수식어)   ☑

2 He went out from the space ship.   ☐

3 He walked down slowly.   ☐

4 It was more than 50 years ago.   ☐

5 There are only 12 moonwalkers.   ☐

B 1형식 문장을 포함하는 다음 글을 읽고, 질문에 답하세요.

Neil Armstrong got up from his seat.
And he went out from the space ship.
He walked down slowly. And he finally stepped
on the moon. And it was more than 50 years
ago. Until now, there are only 12 moonwalkers
including Armstrong.

Q Neil Armstrong에 대한 설명으로 옳은 것은?

① 그는 달을 밟은 소수의 사람들 중 한 명이다.

② 그는 12번의 시도 끝에 달을 밟는 데 성공했다.

③ 그 이외의 다른 사람이 달을 밟는 데 50년이 걸렸다.

WORD get up 일어나다 (get-got)   seat 자리   go out 나가다 (go-went)   space ship 우주선   walk down 걸어 내려가다
step on ~에 발을 딛다   more than ~ 이상   until ~까지   moonwalker 달에서 걸어 본 사람   including ~을 포함해서

36

READING 2

A ［주어］ ［동사구］ (수식어) 로 이루어진 문장에 체크하고 분석하세요. (3개)

① He didn't train as an astronaut from the start. ☐

② He never dreamed of being an astronaut. ☐

③ He studied space engineering. ☐

④ He simply served in the U.S. Navy. ☐

B 1형식 문장을 포함하는 다음 글을 읽고, 질문에 답하세요.

He didn't train as an astronaut from the start.
He never dreamed of being an astronaut.
At college, he studied space engineering.
After college, he simply served in the U.S. Navy.

Q 윗글의 'he'에 대한 설명으로 옳지 않은 것은?

① 우주 공학을 공부하며 우주 비행사의 꿈을 키웠다.

② 처음부터 우주 비행사를 꿈꾼 것은 아니다.

③ 대학 졸업 후, 미국 해군에 입대했다.

WORD train 훈련받다　astronaut 우주 비행사　dream 꿈꾸다 (dream-dreamed)　college 대학교　space 우주
engineering 공학　simply 단순히　serve 복무하다 (serve-served)　the U.S. 미국 (the United States)　Navy 해군

READING 3

A 주어 동사구 (수식어) 이루어진 문장에 체크하고 분석하세요. (3개)

1. He decided to become a pilot. ☐

2. He stood out as a pilot. ☐

3. He also got along well with all the colleagues. ☐

4. He lived a great life. ☐

5. He passed away in 2012. ☐

B 1형식 문장을 포함하는 다음 글을 읽고, 질문에 답하세요.

But when Armstrong joined NASA later,
he decided to become a pilot. He stood out
as a pilot because he worked very hard.
He also got along well with all the colleagues.
He lived a great life. He passed away in 2012.
But people will remember him forever
as the greatest astronaut.

* NASA 미국 항공 우주국

Q 윗글에서 Armstrong에 대해 언급되지 <u>않은</u> 것은?

① 비행사가 되기로 결심한 시기

② 비행사로서 은퇴한 년도

③ 그에 대한 후대의 평가

WORD join 합류하다   decide 결정하다   become ~이 되다   pilot 비행사   stand out 두드러지다, 특출나다 (stand-stood)
get along well with ~와 잘 지내다   colleague 동료   pass away 죽다   remember 기억하다   forever 영원히

REVIEW

지문에서 분석한 1형식 문장을 확인하고, 해석하세요.

READING 1

① Neil Armstrong / got up / (from his seat).
S   V   (수식어)

    닐 암스트롱은   일어섰다   그의 자리에서

② He / went out / (from the space ship).
S   V   (수식어)

③ He / walked down / (slowly).
S   V   (수식어)

READING 2

① He / didn't train / (as an astronaut) / (from the start).
S   V   (수식어)   (수식어)

② He / never dreamed / (of being an astronaut).
S   V   (수식어)

④ He / simply served / (in the U.S. Navy).
S   V   (수식어)

READING 3

② He / stood out / (as a pilot).
S   V   (수식어)

③ He / also got along well / (with all the colleagues).
S   V   (수식어)

⑤ He / passed away / (in 2012).
S   V   (수식어)

긴 주어	동사	수식어
S	V	( )

주어로는 명사에 해당하는 것들이 올 수 있는데,
앞뒤의 수식을 받는 명사, 명사 역할을 하는 동명사나 to부정사가
주어로 쓰이면 주어가 길어질 수 있어요.

❶ 동명사구 주어

Eating (fresh vegetables) / matters / (to children).
　　S　　　　　　　　　　　　　　　　　V　　　　(수식어)
먹는 것은　(신선한 채소를)　　　　　　중요하다　　아이들에게

* 동사에 -ing를 붙여, '~하기, ~하는 것'이라는 명사로 쓸 수 있어요. 이것을 동명사라고 해요.

❷ 명사 앞에 수식어가 붙어서 길어진 주어

(These fresh) water bottles / sell / (at the market).
　　　　　　　　　　　S　　　　　V　　　(수식어)
(이러한 신선한)　물병들은　　　팔린다　　그 시장에서

❸ 명사 뒤에 수식어가 붙어서 길어진 주어

The era (of buying everything online) / will come.
　　S　　　　　　　　　　　　　　　　　　　V
시대가　(온라인으로 모든 것을 사는)　　　　　올 것이다

* 주어인 명사 뒤에 〈전치사+명사〉의 수식을 받아 주어가 길어질 수 있어요.
　　Some people (in the city)　　　The sales (of the new product)
　　몇몇 사람들은　(그 도시에 사는)　그 판매는　(그 새로운 제품의)

1 Having dinner (together) / matters / (to the family).
  　　　　　　S 　　　　　　　　　　　　　V 　　　　　　　(수식어)
  저녁을 먹는 것이 (함께) 　　　　중요하다 　　　그 가족에게

dinner 저녁 식사 　　together 함께, 같이 　　matter 중요하다, 문제가 되다 　　family 가족

2 Breathing deeply can help.

breathe 숨을 쉬다 　　deeply 깊게, 깊이 　　help 도움이 되다, 돕다

3 The common things did not occur to us.

common things 흔한 일들, 흔한 상황 　　occur 일어나다, 발생하다

4 Collecting old stamps doesn't cost a lot.

collect 모으다, 수집하다 　　old stamp 오래된 우표 　　cost 비용이 들다 　　a lot 많이

5 Some young men jumped into the market.

some 약간의, 몇몇 　　young 젊은, 어린 　　men 남자들 (man의 복수형) 　　jump into ~에 뛰어들다 　　market 시장

6 A lot of people in the city go to the store.

a lot of 많은 ~ 　　people 사람들 　　city 도시 　　store 가게

7 A few students in your class might disagree with you.

a few 몇 안 되는, 적은 　　student 학생 　　class 학급, 반 　　disagree with ~에 동의하지 않다

A [긴 주어] [동사] (수식어)로 이루어진 문장에 체크하고 분석하세요. (3개)

① Buying water / costs / (a lot). ☑
     S   V   (수식어)

② A lot of people go to a store. ☐

③ Drinking clean water matters to many people. ☐

④ Buying water was a crazy idea at first. ☐

⑤ It is a common thing now. ☐

B 1형식 문장을 포함하는 다음 글을 읽고, 질문에 답하세요.

Buying water costs a lot. But a lot of people go to a store and buy a bottle of water. This is because drinking clean water matters to many people. Buying water was a crazy idea at first. But it is a common thing now.

Q 윗글의 내용과 일치하는 것은?
① 병에 담긴 물을 마시는 것이 수돗물보다 싸다.
② 깨끗한 물을 마시기 위해 많은 사람들이 물을 산다.
③ 사람들은 물을 사는 것을 처음부터 쉽게 받아들였다.

WORD buy 사다 cost 비용이 들다 a lot of 많은 store 가게, 상점 bottle 병 drink 마시다 matter 중요하다
crazy 미친 at first 처음에 common 흔한

READING 2

A 긴 주어 동사 로 이루어진 문장에 체크하고 분석하세요. (3개)

1. The era of buying fresh air will come. ☐

2. Some people in small towns might disagree. ☐

3. Who would buy air? ☐

4. Others in big cities might agree. ☐

5. It's getting hard to breathe. ☐

B 1형식 문장을 포함하는 다음 글을 읽고, 질문에 답하세요.

Similarly, the era of buying fresh air will come.
Some people in small towns might disagree.
They might say "Who would buy air?"
But others in big cities might agree
because it's getting hard to breathe.

Q 윗글의 필자가 주장하고자 하는 것으로 가장 적절한 것은?
① 시골 사람들은 도시가 공기를 오염시킨다고 생각한다.
② 모든 도시의 사람들이 이미 깨끗한 공기를 사기 시작했다.
③ 물처럼, 신선한 공기를 사는 것은 자연스러운 일이 될 것이다.

WORD similarly 비슷하게 era 시대 fresh 신선한 air 공기 town 마을, 작은 도시 disagree 동의하지 않다
might ~일지도 모른다 others 다른 사람들 agree 동의하다 get hard 어려워지다 breathe 숨을 쉬다

READING 3

A 긴 주어 동사 (수식어)로 이루어진 문장에 체크하고 분석하세요. (3개)

1. A few companies in China jumped into this business. ☐

2. They collect fresh air from hills and valleys. ☐

3. The sales of the air bottles will not occur. ☐

4. These fresh air bottles are selling in some cities in China now. ☐

B 1형식 문장을 포함하는 다음 글을 읽고, 질문에 답하세요.

Actually, a few companies in China jumped into this business. They collect fresh air from hills and valleys. You might think the sales of the air bottles will not occur. But these fresh air bottles are selling in some cities in China now.

Q 윗글의 내용과 일치하지 않는 것은?

① 몇몇 회사들은 자연에서 공기를 모아 온다.

② 중국의 몇몇 회사들이 신선한 공기를 판매하고 있다.

③ 중국 전역에서 신선한 공기가 병에 담겨 판매되고 있다.

WORD actually 사실 company 회사 China 중국 jump into ~에 뛰어들다 business 사업 collect 모으다 hill 언덕
valley 계곡 sales 판매 occur 발생하다 sell 팔다, 팔리다

REVIEW

지문에서 분석한 1형식 문장을 확인하고, 해석하세요.

READING 1

1 Buying water / costs / (a lot).
S   V   (수식어)

물을 사는 것은   비용이 든다   많이

☐

2 A lot of people / go / (to a store).
S   V   (수식어)

☐

3 Drinking clean water / matters / (to many people).
S   V   (수식어)

☐

READING 2

1 The era (of buying fresh air) / will come.
S   V

☐

2 Some people (in small towns) / might disagree.
S   V

☐

4 Others (in big cities) / might agree.
S   V

☐

READING 3

1 A few companies (in China) / jumped / (into this business).
S   V   (수식어)

☐

3 The sales (of the air bottles) / will not occur.
S   V

☐

4 These fresh air bottles / are selling / (in some cities in China) (now).
S   V   (수식어)   (수식어)

☐

Honest Bakery

One day, *Jimmy heard of a new bakery in town.
*He grew up in a small village. So he had
little chance to eat various kinds of bread.
*He couldn't wait. So he ran to the bakery.

WORD hear 듣다 (hear-heard)   bakery 빵집, 제과점   town 마을, 소도시   grow up 자라다 (grow-grew)   village 마을
little 거의 없는   chance 기회   various kinds of 다양한 종류의   bread 빵

1 Jimmy에 대한 설명으로 옳지 않은 것은?

   ① 그는 작은 마을에 살고 있다.
   ② 그의 마을에는 빵집이 없었다.
   ③ 그의 마을에 새로운 빵집이 생겼다.

2 Jimmy가 빵집으로 뛰어간 이유를 우리말로 서술하세요.

    ....

✏️ **1형식 문장 분석** 위 지문에 * 표시된 1형식 문장을 분석해 보세요.

Ⓐ Jimmy / heard / (of a new bakery in town).
    S   V   (수식어)

Ⓑ He grew up in a small village.

Ⓒ He couldn't wait.

Honest Bakery

*Jimmy soon arrived at the bakery.
*He looked around for some delicious bread.
Strangely, there was no price on it. He wanted to
ask the prices. But there was no one
in the bakery. Instead, he found a sign.

> **WORD** soon 곧, 금방   arrive at ~에 도착하다   look around 둘러보다   delicious 맛있는   strangely 이상하게도
> price 가격   want 원하다   to ask 물어보기   instead 대신, 대신에   find 찾다 (find-found)

1 윗글의 내용과 일치하는 것은?

① 빵집에는 처음 보는 빵으로 가득했다.
② Jimmy가 좋아하는 빵이 없었다.
③ 빵집 안에는 점원이 없었다.

2 윗글의 마지막에서 Jimmy가 느꼈을 감정으로 가장 적절한 것은?

① 행복한
② 당황한
③ 무서운

 1형식 문장 분석 위 지문에 * 표시된 1형식 문장을 분석해 보세요.

Ⓐ Jimmy soon arrived at the bakery.

Ⓑ He looked around for some delicious bread.

Honest Bakery

중 내 해 석

"Take what you want and pay what you want. Don't worry if *you can't pay. It is free." Jimmy put some money in the "trust box". He thought *this strange bakery with no clerks would close soon. *<u>He worried about the bakery</u>.

WORD what you want 당신이 원하는 것   pay 지불하다   free 공짜인, 무료의   put 넣다 (put-put)   trust 신뢰
think 생각하다 (think-thought)   strange 이상한   clerk 점원   close 닫다

---

1 "trust box"의 용도로 가장 적절한 것은?

① 빵 값을 내고 거스름돈을 가져가는 곳
② 내고 싶은 만큼 빵 가격을 지불하는 곳
③ 빵에 대한 의견을 믿고 말할 수 있는 곳

2 윗글의 밑줄 친 부분의 이유로 가장 적절한 것은?

① 빵 가격이 터무니없이 싸서
② 점원이 빵의 가격을 몰라서
③ 돈을 안 내고 빵을 가져갈 수 있어서

 1형식 문장 분석 위 지문에 * 표시된 1형식 문장을 분석해 보세요.

Ⓐ You can't pay.

Ⓑ This strange bakery with no clerks would close soon.

Ⓒ He worried about the bakery.

Honest Bakery

A few days later, *he went to the bakery again. <u>He was surprised.</u> *A lot of people were standing in line. *They were waiting for their bread. Many people liked their idea, "Pay fair prices and help poor people at the same time."

WORD a few days later 며칠 후   go 가다 (go-went)   surprised 놀란   a lot of 많은   people 사람들
stand in line 줄을 서다   wait 기다리다   fair 공정한, 타당한   poor 가난한   at the same time 동시에

1 윗글의 밑줄 친 부분의 이유로 가장 적절한 것은?

① 빵을 사려는 많은 사람들이 줄을 서고 있어서
② 많은 사람들이 기다리지만 빵집이 닫혀 있어서
③ 많은 사람들이 공짜로 빵을 얻으려고 몰려들어서

2 빵집이 성공을 거둔 이유가 무엇인지 우리말로 서술하세요.

○ ....

 1형식 문장 분석 위 지문에 * 표시된 1형식 문장을 분석해 보세요.

Ⓐ He went to the bakery again.

Ⓑ A lot of people were standing in line.

Ⓒ They were waiting for their bread.

CHAPTER 2
2형식 문장

1 형식	주어	동사		
2 형식	주어	동사	보어	
3 형식	주어	동사	목적어	
4 형식	주어	동사	간접 목적어	직접 목적어
5 형식	주어	동사	목적어	목적격 보어

[유닛별 구성]

Unit 1. 2형식 기본 문장 (보어가 명사)
Unit 2. 보어로 형용사가 나오는 2형식
Unit 3. 수식어가 붙어 길어진 2형식
Unit 4. 주어나 보어가 길어진 2형식
2형식 문장 종합 독해

⊙ 2형식 문장이란?

"주어(Subject)"와 "동사(Verb)", 그리고 "보어(Complement)"가 있는 문장이에요.

She is a teacher.
S   V   C (명사)
그녀는   ~이다   선생님

She is pretty.
S   V   C (형용사)
그녀는   ~이다   예쁜 (상태)

▷ **2형식을 만드는 동사의 특징**
2형식 동사는 뒤에 보어를 필요로 하는 동사예요.

▷ **보어란?**
She is. (그녀는 ~다)로 문장이 끝나면 안 되겠죠?
is 뒤에 무언가가 필요한데, 목적어(~을)가 필요한 것은 아니에요. 이때 필요한 게 바로 보어예요.

▷ **보어 자리에 쓰는 말 - 명사, 형용사**
주어의 신분이나 상태를 말해 주는 명사나 형용사를 보어 자리에 써서, She = a teacher,
She = pretty (S = C)의 관계가 성립하게 돼요.

○ 2형식 문장에서 자주 쓰이는 동사 (√ 알고 있는 단어에 체크해 보세요.)

☐ be ~이다   ☐ go ~되다   ☐ taste 맛이 나다
☐ become ~이 되다   ☐ fall ~되다   ☐ smell 냄새가 나다
☐ stay 머물다, 지내다   ☐ feel 느껴지다   ☐ look 보이다
☐ keep 유지하다   ☐ sound 들리다   ☐ seem 보이다

주어	동사	보어
S	V	C (명사)

보어 자리에는 명사나 형용사가 올 수 있는데,
여기서는 명사가 보어로 오는 경우를 살펴봐요.

---

❶ be동사가 쓰인 문장

They / are / my friends.
  S   V   C
그들은   ~이다   나의 친구들

* be동사는 주어에 따라 달라져요. (현재 시제: I am / You are / 〈복수 주어 + are〉 / 〈3인칭 단수 주어 + is〉)
  주어가 단수이면 보어 명사도 단수, 주어가 복수이면 보어 명사도 복수로 써요.

❷ be동사 앞에 조동사(can)가 쓰인 문장

They / can be / my friends.
  S   V   C
그들은   ~일 수 있다   나의 친구들

* 조동사 뒤에는 항상 동사의 원형을 쓰므로, can 뒤에 원형인 be를 써요.

❸ be동사 부정문

They / are not / my friends.
  S   V   C
그들은   ~이 아니다   나의 친구들

* be동사의 부정문은 be동사(am, are, is) 뒤에 not을 쓰면 돼요.

1 This / is / your English teacher.
　　　S　　V　　　　C
　　이분이 ~이다　　너의 영어 선생님

this 이것, 이분, 이쪽　　English teacher 영어 선생님

2 This is a neat room.

neat 단정한, 정돈된　　room 방

3 They are promising youths.

promising 장래가 기대되는, 전도유망한　　youth 젊은이, 청년

4 That is not a creative design.

creative 창의적인, 창조적인　　design 디자인

5 These are my own thoughts.

own 자신의　　thought 생각

6 New York is not a messy place.

New York 뉴욕　　messy 지저분한, 엉망인　　place 장소

7 It can be an interesting idea.

interesting 재미있는, 흥미로운　　idea 아이디어, 생각

READING 1

A 주어 동사 보어 로 이루어진 문장에 체크하고 분석하세요. (3개)

1 This / is / my desk. ☑
     S   V   C

2 It is a messy desk. ☐

3 My mom always yells at me. ☐

4 They all like clean desks. ☐

5 A messy desk can be a good thing. ☐

B 2형식 문장을 포함하는 다음 글을 읽고, 질문에 답하세요.

This is my desk. It is a messy desk. My mom always yells at me, "Clean up the desk!" Probably, your mom does, too. They all like clean desks. But here is <u>good news</u>.

"A messy desk can be a good thing."

Q 윗글의 밑줄 친 <u>good news</u>가 의미하는 바로 알맞은 것은?
① 엄마가 책상을 보고 더 이상 소리치지 않을 것이다.
② 책상이 지저분하다는 건 나쁜 일이 아닐 수 있다.
③ 모든 엄마가 깨끗한 책상을 좋아하는 건 아니다.

WORD desk 책상 messy 지저분한 always 항상 yell at ~에게 소리치다 clean up 치우다, 청소하다 probably 아마
news 소식 thing (사물을 가리키는) 것

READING 2

A 주어 동사 보어 로 이루어진 문장에 체크하고 분석하세요. (3개)

1. Students with neat desks usually behave well. ☐

2. They are good students. ☐

3. Those with messy desks have a lot of interesting ideas. ☐

4. A messy desk can be a sign. ☐

5. You are a creative person. ☐

B 2형식 문장을 포함하는 다음 글을 읽고, 질문에 답하세요.

Students with neat desks usually behave well.
They are usually good students. But those with
messy desks have a lot of interesting ideas.
So a messy desk can be a sign,
"You are a creative person."

Q 다음 중 윗글에서 언급되지 <u>않은</u> 것은?
① 책상이 깔끔한 학생들은 대개 예의 바르다.
② 책상이 지저분하면 성적이 낮은 경우가 많다.
③ 책상이 지저분한 학생들은 아이디어들이 많다.

WORD student 학생 neat 단정한 usually 보통, 대개 behave 행동하다 a lot of 많은 interesting 흥미로운
sign 신호 creative 창의적인 person 사람

READING 3

A 주어 동사 보어 이루어진 문장에 체크하고 분석하세요. (3개)

1. You focus on your own thoughts. ☐

2. You forget to clean your desk. ☐

3. You are a promising student. ☐

4. You can become a great person. ☐

5. It is not a messy desk. ☐

B 2형식 문장을 포함하는 다음 글을 읽고, 질문에 답하세요.

When you are creative, you focus on your own thoughts. And you forget to clean your desk. You are just a promising student. You can become a great person. Now, tell your mom, "It is not a messy desk. It is a creative desk."

Q 윗글의 주제로 가장 적절한 것은?

① 책상을 청소하지 않으면 생각에 더욱 집중할 수 있다.

② 책상이 지저분한 학생들도 성공하는 사람이 될 수 있다.

③ 책상의 청결 상태가 미래에 어떤 사람이 될지를 알려 준다.

WORD focus on ~에 집중하다 own 자신의, 자신만의 thought 생각 forget 잊어버리다 promising 장래가 기대되는, 전도유망한
become ~이 되다 tell 말하다

REVIEW

지문에서 분석한 2형식 문장을 확인하고, 해석하세요.

READING 1

1 This / is / my desk.
S V C

이것은 ~이다 나의 책상

2 It / is / a messy desk.
S V C

5 A messy desk / can be / a good thing.
S V C

READING 2

2 They / are / good students.
S V C

4 A messy desk / can be / a sign.
S V C

5 You / are / a creative person.
S V C

READING 3

3 You / are / a promising student.
S V C

4 You / can become / a great person.
S V C

5 It / is not / a messy desk.
S V C

주어	동사	보어
S	V	C (형용사)

보어로 명사가 올 수 있지만, 형용사도 올 수 있어요.
형용사가 보어로 올 때는 '~한 상태이다' 또는 '~다'라고 해석해요.

❶ be동사 뒤에 보어로 형용사가 오는 문장

We / are / happy.
S   V   C
우리는   ~이다   행복한 (상태)

* 주어가 단수이든 복수이든 형용사는 변하지 않아요.

❷ 일반동사 뒤에 보어로 형용사가 오는 문장

That / sounds / great.
S   V   C
저것은   들린다   훌륭한 (상태)   *greatly (X) 보어 자리에는 부사가 아니라 형용사가 와야 해요.

* 보어를 취하는 일반동사(주로 지각동사)를 확인하세요.
- ☐ feel 느껴지다
- ☐ taste 맛이 나다
- ☐ look 보이다
- ☐ sound 들리다
- ☐ smell 냄새가 나다
- ☐ seem 보이다

① Your opinion / is / very important.
      S   V   C
    너의 의견은   ~이다   매우 중요한

opinion 의견   very 매우, 아주   important 중요한

② She seems awesome.

awesome 멋진, 기막히게 좋은

③ Your face looks swollen.

face 얼굴   swollen 부어오른

④ I am hungry and thirsty.

hungry 배고픈   thirsty 목이 마른, 갈증이 나는

⑤ The food tasted salty.

food 음식   salty 짠, 소금기가 있는

⑥ The total amount was 30 dollars.

was ~였다 (is-was)   total 총, 전체의   amount 액, 총계, 양   dollar 달러 (미국의 화폐 단위)

⑦ The milk went bad.

milk 우유   go bad 상하다 (go-went)

READING 1

A 주어 동사 보어 로 이루어진 문장에 체크하고 분석하세요. (3개)

1. Salt / is / important.
   S   V   C   ☑

2. Our body needs some amount of salt. ☐

3. Food is not tasty. ☐

4. Food easily goes bad. ☐

5. We put salt in our food. ☐

B 2형식 문장을 포함하는 다음 글을 읽고, 질문에 답하세요.

Salt is important for our body. Our body needs some amount of salt. Also, without salt, food is not tasty. And food easily goes bad if we don't put salt. So we put salt in our food.

Q 윗글에서 음식에 소금을 넣는 이유 2가지를 지문에서 찾아 우리말로 쓰세요.

◎ [이유1] ....

◎ [이유2] ....

WORD   salt 소금   important 중요한   body 몸   need 필요로 하다   amount 양   without ~ 없이   tasty 맛있는
easily 쉽게   go bad 상하다   if 만약   put 넣다

60

READING 2

A 주어 동사 보어 로 이루어진 문장에 체크하고 분석하세요. (3개)

1. You eat too much salt. ☐

2. It is bad. ☐

3. You may feel thirsty. ☐

4. Your body becomes swollen. ☐

5. How can we eat less salt? ☐

B 2형식 문장을 포함하는 다음 글을 읽고, 질문에 답하세요.

But, <u>be careful</u>. If you eat too much salt, it is bad for your health. You may feel thirsty. And your body becomes swollen. So, how can we eat less salt?

Q 윗글의 밑줄 친 <u>be careful</u>이라고 말한 이유로 가장 적절한 것은?

① 소금을 많이 먹으면 살이 찔 수 있어서

② 소금을 먹지 않으면 갈증이 날 수 있어서

③ 소금을 많이 먹으면 건강이 나빠질 수 있어서

WORD but 그러나 careful 조심하는 too much 너무 많은 health 건강 may ~일 수 있다 thirsty 목마른
swollen 부어오른 less 더 적은

READING 3

A 주어 동사 보어 로 이루어진 문장에 체크하고 분석하세요. (3개)

1. This 'electric fork' seems great. ☐

2. The smart fork fools your tongue. ☐

3. The food is salty. ☐

4. We can enjoy salty taste. ☐

5. We can stay healthy. ☐

B 2형식 문장을 포함하는 다음 글을 읽고, 질문에 답하세요.

This 'electric fork' seems great. The smart fork fools your tongue. It makes you think the food is salty. So we can enjoy salty taste without salt! And we can stay healthy. Doesn't it sound awesome?

Q 윗글의 'electric fork'에 대한 설명으로 옳은 것은?

① 소금이 없어도 짠맛을 느끼게 만든다.

② 포크가 혀에 소금이 닿는 것을 막는다.

③ 소금이 많은 음식에 닿으면 경고음이 난다.

WORD electric 전기의　fork 포크　seem ~처럼 보이다　smart 똑똑한　fool 속이다　tongue 혀　make 만들다
think 생각하다　salty 짠　enjoy 즐기다　taste 맛　stay 머무르다　healthy 건강한　awesome 멋진, 기막히게 좋은

REVIEW

지문에서 분석한 2형식 문장을 확인하고, 해석하세요.

READING 1

1 Salt / is / important.
S   V   C

소금은 ~이다　중요한

3 Food / is not / tasty.
S   V   C

4 Food / easily goes / bad.
S   V   C

☐

☐

☐

READING 2

2 It / is / bad.
S V C

3 You / may feel / thirsty.
S   V   C

4 Your body / becomes / swollen.
S   V   C

☐

☐

☐

READING 3

1 This 'electric fork' / seems / great.
S   V   C

3 The food / is / salty.
S   V C

5 We / can stay / healthy.
S   V   C

☐

☐

☐

주어	동사	보어	수식어
S	V	C	( )

2형식 문장은 보어 뒤에 수식어가 붙어서 길어질 수 있어요. 수식어는 문장의 형식에 영향을 미치지 않으면서, 문장의 내용을 더 정확하고 풍성하게 해요. 수식어에는 부사구나 전치사구가 있어요.

❶ 2형식 문장 뒤에 수식어가 붙는 문장

That / sounds / unreal / (for us) (in this island).
S   V   C   (수식어)   (수식어)
저것은   들린다   비현실적인   우리에게는   이 섬에 있는

❷ 날씨를 나타내는 비인칭 주어 It이 쓰인 문장

It / is not / sunny / (today).
S   V   C   (수식어)
해석X   ~이 아니다   화창한   오늘

* '날씨, 계절, 명암, 거리, 시간'을 나타낼 때는 비인칭 주어 It을 써요. 이때 It은 해석하지 않아요.

It is cloudy today. 오늘 흐려.

It's twelve o'clock now. 지금 12시야.

❶ Many people / are / familiar / (with the country).
　　S　　　　V　　　C　　　　(수식어)
　　많은 사람들이　～이다　친숙한　　그 나라에

many 많은　　people 사람들　　familiar 익숙한, 친숙한, 잘 아는　　country 나라

❷ It is cold and rainy this afternoon.

cold 추운　　rainy 비가 내리는　　this afternoon 오늘 오후

❸ The small sleigh is mine, too.

small 작은　　sleigh 썰매　　mine 나의 것　　too 또한

❹ She is a famous movie star around the world.

famous 유명한　　movie star 영화 스타　　around the world 전 세계적으로

❺ His opinion is opposite to theirs.

opinion 의견　　opposite 반대인, 건너편의　　theirs 그들의 것

❻ December is the last month of the year.

December 12월　　last 마지막의　　month 달, 월　　year 년, 해

❼ The man in the shorts looked awkward for sure.

man 남자　　in ~을 입은[쓴]　　shorts 반바지　　awkward 어색한　　for sure 확실히

READING 1

A [주어] [동사] [보어] (수식어) 로 이루어진 문장에 체크하고 분석하세요. (2개)

① December 25 / is / the most famous day / (around the world). ☑
       S   V   C   (수식어)

② You all know. ☐

③ We are familiar with Santa Claus on a sleigh. ☐

④ Can you imagine Santa Claus on a surfing board? ☐

⑤ I mean Santa on a real surfing board. ☐

B 2형식 문장을 포함하는 다음 글을 읽고, 질문에 답하세요.

Probably, December 25 is the most famous day around the world. As you all know, it is Christmas. And we are familiar with Santa Claus on a sleigh. But can you imagine Santa Claus on a surfing board? I mean Santa on a real surfing board on a real beach.

Q 윗글 다음에 이어질 내용으로 가장 적절한 것은?
① '크리스마스'하면 떠오르는 인물
② 세계에서 가장 유명한 날
③ 특이한 산타클로스

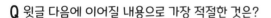

WORD probably 아마도　December 12월　most 가장　famous 유명한　world 세계, 세상　know 알다　be familiar with ~에 친숙하다　sleigh 썰매　imagine 상상하다　surfing board 서핑 보드　real 진짜의, 현실의

A 주어 동사 보어 (수식어) 로 이루어진 문장에 체크하고 분석하세요. (3개)

1. He surfs on the beach. ☐

2. It might be awkward for you. ☐

3. It sounds so unreal for children in Korea. ☐

4. This is true in some countries. ☐

5. You can see Santa Claus on a surfing board. ☐

B 2형식 문장을 포함하는 다음 글을 읽고, 질문에 답하세요.

He surfs on the beach. When he reaches
the beach, he gives presents to children.
It might be awkward for you, isn't it?
And it sounds so unreal for children in Korea.
But this is true in some countries. In New Zealand,
you can see Santa Claus on a surfing board.

Q 윗글의 밑줄 친 this가 가리키는 것을 찾아 우리말로 설명하세요.

➡ ....

WORD surf 서핑하다 beach 해변 reach 닿다, 도달하다 give 주다 present 선물 children 어린이들
awkward 어색한 unreal 비현실적인 true 사실인, 진짜의 country 나라 New Zealand 뉴질랜드

A 주어 동사 보어 (수식어) 이루어진 문장에 체크하고 분석하세요. (2개)

1. It is not cold in New Zealand. ☐

2. You might wonder why. ☐

3. The seasons are opposite to us. ☐

4. Christmas falls in summer in that country. ☐

5. You can see Santa in shorts there. ☐

B 2형식 문장을 포함하는 다음 글을 읽고, 질문에 답하세요.

But isn't it too cold to surf on Christmas? Actually, it is not cold in New Zealand. You might wonder why. It is in the Southern Hemisphere. So the seasons are opposite to us. For this reason, Christmas falls in summer in that country. And you can see Santa in shorts there.

Q New Zealand에 대한 설명으로 언급되지 않은 것은?

① 겨울이 춥지 않다.

② 크리스마스가 겨울이 아니다.

③ 여름옷을 입은 산타를 볼 수 있다.

WORD cold 추운 actually 실제로, 사실 wonder 궁금하다 southern 남쪽의 hemisphere 반구 season 계절
opposite 반대의 reason 이유 fall 날짜가 ~에 해당하다, 떨어지다 shorts 반바지

REVIEW

지문에서 분석한 2형식 문장을 확인하고, 해석하세요.

READING 1

1 December 25 / is / the most famous day / (around the world).
S   V   C   (수식어)

12월 25일은   ~이다   가장 유명한 날   전 세계에서

3 We / are / familiar / (with Santa Claus on a sleigh).
S   V   C   (수식어)

READING 2

2 It / might be / awkward / (for you).
S   V   C   (수식어)

3 It / sounds / so unreal / (for children in Korea).
S   V   C   (수식어)

4 This / is / true / (in some countries).
S   V   C   (수식어)

READING 3

1 It / is not / cold / (in New Zealand).
S   V   C   (수식어)

3 The seasons / are / opposite / (to us).
S   V   C   (수식어)

긴 주어	**동사**	긴 보어	**수식어**
S	V	C	( )

주어와 보어로 명사에 해당하는 것들이 올 수 있는데, 앞뒤의 수식을 받아
길어진 명사나 명사 역할을 하는 동명사와 to부정사가 쓰이면
주어와 보어가 길어질 수 있어요.

---

❶ 수식을 받아 길어진 명사가 주어인 문장

The salad (with fresh fruit) / tastes / good.
S · V · C

그 샐러드는 (신선한 과일이 들어간) 맛이 난다 좋은

* 주어인 명사는 명사 앞뒤의 수식을 받아 길어질 수 있어요.

❷ 동명사구가 주어로 쓰인 문장

Making food (with curry) / is not / difficult.
S · V · C

음식을 만드는 것은 (카레로) ~이지 않다 어려운

* 동사 뒤에 -ing가 붙은 동명사 '~하기, ~하는 것'이 주어나 보어로 쓰일 수 있어요.

❸ to부정사가 보어로 쓰인 문장

Our plan / is / to win the race.
S · V · C

우리의 계획은 ~이다 그 경주를 이기는 것

* 〈to+동사원형〉이 '~하기, ~하는 것'이라는 명사로 쓰이면, 주어나 보어 자리에 쓸 수 있어요.

1 My goal / is / to become number one (in my team).
        S   V   C
    나의 목표는   ~이다   최고가 되는 것 (나의 팀 내에서)

goal 목표   number one 최고, 일등   team 팀, 단체

2 Watching a baseball game at home is more fun.

watch 보다   baseball 야구   more fun 더 재미있는

3 Vegetarians are very much healthier than meat eaters.

vegetarian 채식주의자   much 훨씬 (비교급 강조)   healthier 더 건강한 (healthy의 비교급)   than ~보다   meat 고기

4 One of my dreams is to raise a puppy someday.

dream 꿈   raise 키우다, 기르다   puppy 강아지   someday 언젠가

5 Eating more vegetables is good for the environment.

more 더 많은   vegetable 채소, 야채   environment 환경

6 Their challenge of doing so seemed impossible at first.

challenge 도전   do so 그렇게 하다   impossible 불가능한   at first 처음에는

7 Some of the children are not crazy about Chinese food.

children 아이들 (child의 복수형)   crazy 열광하는, 미친   Chinese food 중국 음식

A 긴 주어 | 동사 | 긴 보어 (수식어) **로 이루어진 문장에 체크하고 분석하세요.** (3개)

1. Vegetarians don't eat meat or fish. ☐

2. Eating a hamburger (with a meat patty) / is / unthinkable . ☑
   S V C

3. Many of them still go crazy about hamburgers. ☐

4. They want a hamburger with no meat patty. ☐

5. It should taste the same as a hamburger. ☐

B 2형식 문장**을 포함하는 다음 글을 읽고, 질문에 답하세요.**

Vegetarians don't eat meat or fish. So eating a hamburger with a meat patty is unthinkable. But many of them still go crazy about hamburgers. They want a hamburger with no meat patty. But it should taste the same as a hamburger.

Q 채식주의자들에 대한 설명으로 올바른 것은?

① 대부분은 햄버거를 싫어한다.

② 많은 이들이 고기 없는 햄버거를 원한다.

③ 몇몇 사람들은 패티 없는 햄버거를 즐긴다.

WORD vegetarian 채식주의자 meat 고기, 육류 fish 물고기, 어류 patty 패티 unthinkable 상상[생각]할 수 없는
still 여전히 crazy 열광하는, 미친 should ~해야 한다 taste 맛이 나다 the same as ~와 동일한, ~와 같은

READING 2

A

긴 주어 동사 긴 보어 (수식어) 로 이루어진 문장에 체크하고 분석하세요. (3개)

1. Making a meatless patty sounds almost impossible. ☐

2. One company challenged this. ☐

3. Their plan is to use only vegetables. ☐

4. You would not enjoy this patty. ☐

5. The meatless patty tastes more than just good. ☐

B

2형식 문장을 포함하는 다음 글을 읽고, 질문에 답하세요.

Making a meatless patty sounds almost impossible. But one company challenged this. Their plan is to use only vegetables. You may think you would not enjoy this patty. But the meatless patty tastes more than just good.

Q 윗글에서 밑줄 친 sounds almost impossible에서 말하려는 것은?

① 채소가 없는 햄버거를 만드는 것
② 패티 없는 햄버거를 만드는 것
③ 고기가 없는 패티를 만드는 것

WORD meatless 고기가 없는   sound ~처럼 들리다   almost 거의   impossible 불가능한   company 회사
challenge 도전하다   plan 계획   vegetable 채소   enjoy 즐기다, 맛있게 먹다   more 더 좋은   than ~보다

READING 3

A 〔긴 주어〕〔동사〕〔긴 보어〕 (수식어) 로 이루어진 문장에 체크하고 분석하세요. (3개)

1. A lot of people became a big fan of this new burger. ☐

2. This burger with a meatless patty is good for your health. ☐

3. It could help the environment. ☐

4. They are suggesting it. ☐

5. Raising fewer animals is better for nature. ☐

B 2형식 문장을 포함하는 다음 글을 읽고, 질문에 답하세요.

A lot of people became a big fan of this new burger. This burger with a meatless patty is good for your health. Also, people say it could help the environment. They are suggesting it because raising fewer animals is better for nature.

Q 윗글에 언급된 meatless patty의 장점을 모두 고르세요.
① 우리 몸에 좋다.
② 환경에 도움이 된다.
③ 멸종 동물을 보호한다.

WORD a lot of 많은 become ~이 되다 big fan 열혈 팬 health 건강 also 또한 help 돕다 environment 환경
suggest 제안하다 raise 기르다 fewer 더 적은 better 더 나은 nature 자연

REVIEW

지문에서 분석한 2형식 문장을 확인하고, 해석하세요.

READING 1

2 Eating a hamburger (with a meat patty) / is / unthinkable.
S / V / C

햄버거를 먹는 것은 (고기 패티가 들어 있는) ~이다 생각할 수 없는

3 Many of them / still go / crazy / (about hamburgers).
S / V / C / (수식어)

5 It / should taste / the same / (as a hamburger).
S / V / C / (수식어)

READING 2

1 Making a meatless patty / sounds / almost impossible.
S / V / C

3 Their plan / is / to use only vegetables.
S / V / C

5 The meatless patty / tastes / more / (than just good).
S / V / C / (수식어)

READING 3

1 A lot of people / became / a big fan (of this new burger).
S / V / C

2 This burger with a meatless patty / is / good / (for your health).
S / V / C / (수식어)

5 Raising fewer animals / is / better / (for nature).
S / V / C / (수식어)

Smart Uniform

Your teacher knows your daily routine. And
if *you fall asleep in class, the alarm goes off.
*These can be possible because there is a little
computer chip in your school uniform.
*It is the so-called smart uniform.

> **WORD** daily 매일의, 하루의   routine 일과, 반복적 행동   fall asleep 잠에 들다, 졸다   alarm 알람   go off (경보기 등이) 울리다
> possible 가능한   chip 칩   school uniform 교복   so-called 소위 말하는   smart 똑똑한, 영리한

1 윗글에서 smart uniform에 대해 언급된 내용이 <u>아닌</u> 것은?

① 선생님이 학생들의 하루의 일과를 알 수 있다.
② 선생님이 어떤 학생이 졸고 있는지 알 수 있다.
③ 선생님이 알람을 울려 학생에게 경고할 수 있다.

2 이 교복이 'smart'한 기능을 갖는 이유를 찾아 우리말로 쓰세요.

◎ ....

 2형식 문장 분석 위 지문에 * 표시된 2형식 문장을 분석해 보세요.

Ⓐ You / fall / asleep (in class).
   S   V   C   (수식어)

Ⓑ These can be possible.

Ⓒ It is the so-called smart uniform.

Smart Uniform

Some parents and teachers are in favor of the uniforms. They can keep monitoring their children. Then *they feel relieved about their kids. When *a student is missing, the uniform will tell <u>them</u> the exact location of the student.

WORD parents 부모님   be in favor of ~에 대해 찬성하다[호의적이다]   keep -ing 계속 ~하다   monitor 관찰하다, 감시하다
relieved 안도하는   missing 사라진, 실종된   exact 정확한   location 위치

1 부모님들과 선생님들이 smart uniform을 찬성하는 이유를 <u>모두</u> 고르세요.

① 그들의 아이들을 지속적으로 관찰할 수 있다.
② 학생이 실종되어도 정확한 위치를 알 수 있다.
③ 학생들은 자신의 위치를 알릴 수 있어 안심한다.

2 윗글의 밑줄 친 <u>them</u>이 가리키는 것은?

① the uniforms
② their children
③ parents and teachers

 2형식 문장 분석 위 지문에 * 표시된 2형식 문장을 분석해 보세요.

Ⓐ They feel relieved about their kids.

Ⓑ A student is missing.

Smart Uniform

But <u>many students do not agree with this idea</u>. For them, *accepting the idea seems almost impossible. "Who would like to be monitored 24 hours a day? Children have human rights and privacy, too. *This is unfair."

WORD agree with ~에 동의하다 accept 받아들이다 seem 보이다 almost 거의 impossible 불가능한
be monitored 감시를 받다, 감시되다 human rights 인권 privacy 사생활 unfair 불공평한

1 윗글의 밑줄 친 부분의 이유로 가장 적절한 것은?

① 학생들을 24시간 감시하는 것은 불가능한 일이기 때문에
② 받아들인 학생들과 아닌 학생들 간에 불공평을 만들기 때문에
③ 24시간 어른들에게 감시되어 사생활을 보장받지 못하기 때문에

2 다음은 윗글의 학생들의 주장을 요약한 글입니다. 빈칸에 알맞은 말을 쓰세요.

○ [요약] 어른들이 학생들을 .... 시간 .... 하는 것은
학생들의 .... 과 .... 을 침해하는 것이다.

 2형식 문장 분석 위 지문에 * 표시된 2형식 문장을 분석해 보세요.

Ⓐ Accepting the idea seems almost impossible.

Ⓑ This is unfair.

Smart Uniform

Your parents and your teacher know your whereabouts. They know *you are not ⓐ<u>awake</u> during the class. Some students would feel ⓑ<u>safely</u>. Others think *it would be ⓒ<u>uncomfortable</u>. What do you think?

WORD whereabouts 소재, 행방   awake 깨어 있는   during ~ 동안   safely 안전하게   uncomfortable 불편한
opinion 의견

1 윗글의 밑줄 친 ⓐ~ⓒ 중 어법상 올바르지 않은 것은?

① ⓐ   ② ⓑ   ③ ⓒ

2 smart uniform에 대한 학생들의 의견으로 제시된 2가지를 우리말로 쓰세요.

◯ [의견1] _____

◯ [의견2] _____

 2형식 문장 분석 위 지문에 * 표시된 2형식 문장을 분석해 보세요.

Ⓐ You are not awake during the class.

Ⓑ It would be uncomfortable.

CHAPTER 3
3형식 문장

1 형식	주어	동사		
2 형식	주어	동사	보어	
3 형식	주어	동사	목적어	
4 형식	주어	동사	간접 목적어	직접 목적어
5 형식	주어	동사	목적어	목적격 보어

[유닛별 구성]

Unit 1. 3형식 기본 문장 (목적어가 명사)
Unit 2. 목적어로 V-ing가 오는 3형식
Unit 3. 목적어로 to+V가 오는 3형식
Unit 4. 수식어가 붙어 길어진 3형식
3형식 문장 종합 독해

◉ 3형식 문장이란?

"주어(Subject)"와 "동사(Verb)" 뒤에 "목적어(Object)"가 꼭 필요한 문장이에요.

<u>They</u> <u>want</u> <u>ice cream</u>.

S   V   O

그들은   원한다   아이스크림을

▷ **3형식을 만드는 동사의 특징**
3형식 동사는 동사 뒤에 목적어(~을/~를)를 꼭 필요로 하는 동사예요.

▷ **목적어란?**
'주어'는 동작을 하는 주체, 즉 주인공을 나타내요. '동사'는 주인공이 하는 동작을 나타내요.
그렇다면, '목적어'란? 목적어란 주인공이 하는 동작의 대상을 가리켜요.
'먹는다(동사)'라고 하면 '무엇을 먹는가'에 해당하는 말이 목적어예요.

▷ **목적어 자리에 쓰는 말 – 명사, 대명사, 그 외의 명사 역할을 하는 말**
목적어로는 명사에 해당하는 말이 올 수 있어요. 그 명사는 앞뒤의 수식을 받아 길어질 수도 있고,
동사가 명사형으로 바뀐 동명사(-ing)나 to부정사도 목적어로 올 수 있어요.

○ 3형식 문장에서 자주 쓰이는 동사 (√ 알고 있는 단어에 체크해 보세요.)

- ☐ want 원하다
- ☐ have 가지다, 먹다
- ☐ make 만들다
- ☐ help 돕다

- ☐ pass 통과[합격]하다
- ☐ fail 실패하다, 떨어지다
- ☐ surprise 놀라게 하다
- ☐ revise 수정하다

- ☐ need 필요로 하다
- ☐ plan 계획하다
- ☐ hope 희망하다
- ☐ decide 결정하다

- ☐ enjoy 즐기다
- ☐ stop 멈추다
- ☐ avoid 피하다
- ☐ mind 꺼리다, 신경 쓰다

UNIT 1

3형식 기본 문장

주어	동사	목적어
S	V	O (명사)

목적어가 반드시 필요한 문장이 3형식 문장이에요.
목적어로는 명사에 해당하는 말들이 올 수 있어요.

---

❶ 셀 수 있는 명사가 목적어인 문장

She / had / an eraser.
S   V   O
그녀는 가지고 있었다   지우개 하나를

She / had / erasers.
S   V   O
그녀는 가지고 있었다   지우개들을

* 정해지지 않은 단수 명사의 경우, 명사 앞에 부정관사(a, an)를 써요. 명사의 발음이 자음으로 시작하면 a,
  모음 [a, e, i, o, u]로 시작하면 an을 써요. 복수 명사(둘 이상)일 경우에는 부정관사 없이 명사 뒤에 복수형 -s를 써요.

❷ 셀 수 없는 명사가 목적어인 문장

We / wanted / proof.
S   V   O
우리는   원했다   증거를

* 셀 수 없는 명사는 부정관사(a, an)를 붙이지 않고, 복수형 -s도 붙이지 않아요.

❸ 정관사나 소유격 대명사가 붙어 있는 명사가 목적어인 문장

He / made / the house.
S   V   O
그는   만들었다   그 집을

He / made / his house.
S   V   O
그는   만들었다   그의 집을

* 정해지지 않은 명사 앞에는 부정관사, 정해진 명사 앞에는 정관사, '~의'라는 소유를 나타낼 때는
  소유격 대명사를 써요. 관사와 대명사는 중복하여 쓰지 않아요. the his house (X) / a his house (X)

1 Intelligent people / passed / the test.
      S   V   O
지능이 있는 사람들은   통과했다   그 시험을

intelligent 지능이 있는, 똑똑한, 총명한   people 사람들   pass 통과하다, 합격하다   test 시험, 테스트

2 She revised her plan.

revise 수정하다, 변경하다   plan 계획

3 You should follow the rules.

follow 따르다, 따라오다   rule 규칙

4 They have the special belief.

special 특별한   belief 믿음, 신념

5 His strange claim surprised us.

strange 이상한   claim 주장   surprise 놀라게 하다

6 No one can understand another person.

no one can 아무도 ~할 수 없다   understand 이해하다   another 또 다른, 또 하나의   person 사람

7 Primates include humans, monkeys, and apes.

primates 영장류 (원숭이, 유인원, 사람 등)   include 포함하다   human 인간   monkeys 원숭이   ape 유인원

A 주어 동사 목적어 로 이루어진 문장에 체크하고 분석하세요. (3개)

① Some scientists / had / the belief.
               S   V   O   ☑

② Only a few primates are intelligent. ☐

③ They made a special test. ☐

④ The rule was simple. ☐

⑤ An animal helps another animal. ☐

B 3형식 문장을 포함하는 다음 글을 읽고, 질문에 답하세요.

Some scientists had the belief. "Only a few primates are intelligent enough to help others." They needed proof. So they made <u>a special test</u>. The rule was simple. If an animal helps another animal, it passes the test.

Q 윗글의 밑줄 친 <u>a special test</u>가 만들어진 이유에 대한 설명으로 옳은 것은?
① 모든 동물이 서로 도울 수 있다는 것을 증명하기 위해
② 몇몇 동물들은 사람을 도울 수 있다는 것을 증명하기 위해
③ 일부 영장류만 서로 돕는 지능이 있다는 것을 증명하기 위해

WORD scientist 과학자   have 가지다 (have-had)   belief 믿음   a few 몇몇의   primates 영장류 (원숭이, 유인원, 사람 등)
intelligent 지능이 있는   enough 충분히   proof 증거   rule 규칙   simple 단순한   another 또 하나의   pass 통과하다

READING 2

A 주어 동사 목적어 로 이루어진 문장에 체크하고 분석하세요. (3개)

① Many different animals took this test. ☐

② Humans succeeded in the test. ☐

③ Orangutans also were helpful. ☐

④ Chimps and gorillas failed the test. ☐

⑤ Most animals didn't pass the test. ☐

B 3형식 문장을 포함하는 다음 글을 읽고, 질문에 답하세요.

Many different animals took this test. Of course, humans succeeded in the test. And orangutans also were helpful when their friends were in need. But chimps and gorillas failed the test. Not surprisingly, most animals didn't pass the test.

Q 윗글의 내용과 일치하지 <u>않는</u> 것은?

① 사람을 포함한 많은 동물들이 시험에 참가했다.

② 오랑우탄은 곤란한 친구를 돕는 시험에 실패했다.

③ 대부분의 동물들은 친구를 돕는 지능을 보이지 않았다.

WORD take (시험을) 치다 (take-took) of course 당연히, 물론 succeed 성공하다 orangutan 오랑우탄 helpful 도움이 되는
in need 곤경에 처한 chimp 침팬지 gorilla 고릴라 fail 실패하다, 통과하지 못하다 not surprisingly 놀랍지 않게도

85

A 주어 동사 목적어 로 이루어진 문장에 체크하고 분석하세요. (3개)

1. Parrots surprised the scientists. ☐

2. Their friends were in need. ☐

3. They were willing to help out. ☐

4. The scientists revised their claim. ☐

5. A few primates AND some birds have the intelligence. ☐

B 3형식 문장을 포함하는 다음 글을 읽고, 질문에 답하세요.

However, parrots surprised the scientists. They passed the test! They understood when their friends were in need. And they were willing to help out. So the scientists revised their claim. "A few primates AND some birds have the intelligence to help."

Q 윗글의 결론으로 가장 적절한 것은?

① 몇몇 영장류만이 도움이 필요한 친구를 도울 수 있다.

② 소수의 영장류들만 친구를 돕는 지능을 가진 것은 아니다.

③ 앵무새가 모든 영장류들보다 더 뛰어난 지능을 가지고 있다.

WORD however 그러나 parrot 앵무새 surprise 놀라게 하다 understand 이해하다 (understand-understood)
be willing to 기꺼이 ~하다 (willing 기꺼이 하는) revise 수정하다 claim 주장 intelligence 지능

REVIEW

지문에서 분석한 3형식 문장을 확인하고, 해석하세요.

READING 1

① Some scientists / had / the belief.
S / V / O

몇몇 과학자들은 가지고 있었다 믿음을

③ They / made / a special test.
S / V / O

....

⑤ An animal / helps / another animal.
S / V / O

....

READING 2

① Many different animals / took / this test.
S / V / O

....

④ Chimps and gorillas / failed / the test.
S / V / O

....

⑤ Most animals / didn't pass / the test.
S / V / O

....

READING 3

① Parrots / surprised / the scientists.
S / V / O

....

④ The scientists / revised / their claim.
S / V / O

....

⑤ A few primates AND some birds / have / the intelligence.
S / V / O

....

UNIT 2 목적어로 V-ing가 오는 3형식

주어	동사	목적어
S	V	O (동명사)

동사 뒤에 -ing를 붙여서 명사처럼 사용할 수 있는데, 이것을 동명사라고 해요.
동명사 목적어는 '~하기를, ~하는 것을'이라고 해석해요.
동명사는 명사처럼 사용하며 뒤에 목적어나 수식어를 데리고 다닐 수도 있어요.

❶ 목적어로 동명사만 쓰는 동사

She / avoids / seeing him.
S   V   O

그녀는   피한다   그를 보는 것을   *to see (X) 동사 avoid 뒤에 to부정사는 올 수 없어요.

* 목적어로 동명사만이 가능한 동사들을 확인하세요. (주로 끝난 일을 말하는 동사들이에요.)

- ☐ enjoy 즐기다
- ☐ stop 멈추다
- ☐ mind 꺼리다, 신경 쓰다
- ☐ give up 포기하다
- ☐ finish 끝내다
- ☐ quit 그만두다
- ☐ delay 미루다
- ☐ admit (마지못해) 인정하다

❷ 의문문의 형태로 쓰인 3형식 문장

Does / he / enjoy / watching movies?
의문문 조동사   S   V   O

~이니?   그는   즐기다   영화 보는 것을

* 일반동사 의문문은 조동사 Do, Does, Did를 주어 앞에 쓰고, 주어 뒤에는 동사원형을 써요.
  can, may 등의 조동사가 있는 경우에는 그 조동사를 앞으로 보내어 의문문을 만들어요.

1 He / delayed / telling the news.
S   V   O
그는 미루었다 그 소식을 말하는 것을

delay 미루다, 연기하다   tell 말하다   news 소식, 뉴스

2 They should stop wasting time.

stop 그만두다, 멈추다   waste 낭비하다

3 Would you mind using the materials?

mind 꺼리다, 신경 쓰다   use 이용하다, 사용하다   materials 자료, 재료

4 I am considering buying a new phone.

consider 고려하다   buy 사다   phone 전화기

5 Must we quit eating fast food?

must (반드시) ~해야 한다   quit 그만두다, 중지하다   fast food 패스트푸드

6 She admitted enjoying the trip.

admit 인정하다, 시인하다   enjoy 즐기다   trip 여행

7 We must avoid wasting the resources.

avoid 피하다   resource 자원

A 주어 동사 목적어 로 이루어진 문장에 체크하고 분석하세요. (3개)

① Do / you / enjoy / living on this planet ? ☑
의문문 조동사   S   V   O

② We must stop harming the environment. ☐

③ We can't delay saving it. ☐

④ There are some ways to help the earth. ☐

⑤ I'll tell you one simple way. ☐

B 3형식 문장을 포함하는 다음 글을 읽고, 질문에 답하세요.

Do you enjoy living on this planet? Then, we must stop harming the environment. We can't delay saving it for another day. There are some ways to help the earth. Here, I'll tell you one simple way. It is simple but effective.

Q 윗글에서 필자가 말하고자 하는 것은?

① 지구의 환경을 해치는 것들

② 지구에서 즐겁게 사는 방법

③ 지구 환경을 지키는 한 방법

WORD enjoy 즐기다   planet 행성   stop 멈추다   harm 해치다   environment 환경   delay 늦추다, 연기하다
save 구하다, 지키다   way 방법   the earth 지구   simple 간단한   effective 효과적인

READING 2

A 주어 동사 목적어 로 이루어진 문장에 체크하고 분석하세요. (2개)

1. We must admit making too much plastic waste. ☐

2. We all know. ☐

3. It is really bad for the environment. ☐

4. We should avoid making plastic waste. ☐

5. Not using plastic straws can be a good start. ☐

B 3형식 문장을 포함하는 다음 글을 읽고, 질문에 답하세요.

First of all, we must admit making too much plastic waste.
As we all know, it is really bad for the environment.
So we should avoid making plastic waste. How?
Not using plastic straws can be a good start.

Q 윗글에서 환경오염을 줄이는 해결책으로 제시된 것은?
① 플라스틱 제품을 재활용하자.
② 플라스틱 쓰레기를 수거하자.
③ 플라스틱 빨대 사용을 멈추자.

WORD first of all 우선, 먼저 admit 인정하다 too much 너무나 많은 plastic 플라스틱의 waste 쓰레기 as ~처럼, ~듯이
really 정말 avoid 피하다 use 사용하다 straw 빨대, 스트로 start 시작

91

READING 3

A [주어][동사][목적어] 로 이루어진 문장에 체크하고 분석하세요. (3개)

1. Can we quit using all kinds of straws? ☐

2. We can consider using eco-friendly straws. ☐

3. There are many straws of harmless materials. ☐

4. Coffee grounds, cornstarch, rice can be examples. ☐

5. Do you mind trying them? ☐

B 3형식 문장을 포함하는 다음 글을 읽고, 질문에 답하세요.

Can we quit using all kinds of straws? No, we can't.
But we can consider using eco-friendly straws.
There are many straws of harmless materials.
Coffee grounds, cornstarch, rice can be examples.
Do you mind trying them?

Q 윗글에서 친환경 빨대에 대한 설명으로 언급된 것은?
① 다양한 친환경 물질들로 빨대를 만들 수 있다.
② 재활용 또는 재사용이 가능하여 환경에 이롭다.
③ 플라스틱 빨대보다 더 다양한 형태로 만들 수 있다.

WORD quit 그만두다 kind of ~ 종류의 consider 고려하다 eco-friendly 친환경적인 harmless 무해한
material 물질 grounds 찌꺼기 cornstarch 옥수수 전분 example 예시 mind 꺼리다, 신경 쓰다 try 써 보다

92

REVIEW

지문에서 분석한 3형식 문장을 확인하세요.

READING 1

1 Do / you / enjoy / living on this planet?
의문문 조동사 S V O
~한가? 당신은 즐기다 이 행성에 사는 것을

☐

2 We / must stop / harming the environment.
S V O

☐

3 We / can't delay / saving it.
S V O

☐

READING 2

1 We / must admit / making too much plastic waste.
S V O

☐

4 We / should avoid / making plastic waste.
S V O

☐

READING 3

1 Can / we / quit / using all kinds of straws?
의문문 조동사 S V O

☐

2 We / can consider / using eco-friendly straws.
S V O

☐

5 Do / you / mind / trying them?
의문문 조동사 S V O

☐

UNIT 3   목적어로 to + V가 오는 3형식

주어	동사	목적어
S	V	O (to부정사)

동사원형 앞에 to를 붙여서 명사처럼 사용할 수 있으며,
이때 〈to + 동사원형〉을 to부정사라고 해요.
to부정사가 목적어로 사용될 때는,
동명사처럼 '~하기를, ~하는 것을'이라고 해석해요.

❶ 목적어로 to부정사만 쓰는 동사

He / wants / to marry her.
S   V   O

그는   원한다   그녀와 결혼하기를   *marrying (X) / 동사 want 뒤에 목적어로 동명사는 X

* 목적어로 to부정사만이 가능한 동사들을 확인하세요. (주로 앞으로의 일을 말하는 동사들이에요.)

☐ want 원하다   ☐ plan 계획하다   ☐ hope 희망하다, 바라다
☐ decide 결정하다   ☐ wish 소망하다   ☐ promise 약속하다
☐ expect 기대하다   ☐ choose 선택하다   ☐ refuse 거절하다

❷ 목적어로 to부정사와 동명사 둘 다 쓸 수 있는 동사

She / began / to collect photos.
S   V   C

그녀는   시작했다   사진을 모으기를
                              *collecting (O) / 동사 begin 뒤에 목적어로 to부정사도 동명사도 O

* 목적어로 to부정사와 동명사 둘 다 가능한 동사들을 확인하세요.

☐ begin 시작하다   ☐ like 좋아하다   ☐ hate 미워하다
☐ start 시작하다   ☐ love 사랑하다   ☐ continue 계속하다

1 The couple / decided / to watch the movie.
S   V   O
그 커플은   결정했다   그 영화를 보기로

couple 커플, 두 사람   decide 결정하다, 결심하다   watch 보다   movie 영화

2 We love to support the children.

love 사랑하다   support 지원하다, 지지하다   children 아이들 (child의 복수형)

3 She did not choose to accept his gift.

choose 선택하다   accept 받다, 받아들이다   gift 선물

4 The scientists are planning to study the fossils.

scientist 과학자   plan 계획하다   study 연구하다, 공부하다   fossil 화석

5 They cannot continue to clone animals.

continue 계속하다   clone 복제하다   animal 동물

6 Some people refuse to go there.

refuse 거부하다, 거절하다

7 Children wish to learn about extinct animals.

wish 바라다, 소원하다   learn 배우다   extinct 멸종된

READING 1

A 주어 동사 목적어 로 이루어진 문장에 체크하고 분석하세요. (3개)

1 I / want / to see dinosaurs or mammoths. ☑
    S   V   O

2 Not in a picture, but in a zoo. ☐

3 Do I need to travel to the past? ☐

4 Some scientists are planning to bring some extinct animals. ☐

5 How is it possible? ☐

B 3형식 문장을 포함하는 다음 글을 읽고, 질문에 답하세요.

I want to see dinosaurs or mammoths.
Not in a picture, but in a zoo. Then,
do I need to travel to the past? No,
because some scientists are planning
to bring some extinct animals back to life.
How is it possible?

Q 다음은 윗글을 요약한 글입니다. 빈칸에 알맞은 말을 쓰세요.

◎ 과학자들은 공룡이나 매머드와 같은 .... 동물들을 .... 려고 한다.

WORD want 원하다 dinosaur 공룡 mammoth 매머드 (멸종된 코끼리과의 포유동물) picture 그림 zoo 동물원
travel 여행하다 past 과거 plan 계획하다 bring ~ back to life ~을 되살리다 extinct 멸종된 possible 가능한

READING 2

A 주어 동사 목적어 로 이루어진 문장에 체크하고 분석하세요. (3개)

1. It is possible because of their DNAs from fossils. ☐

2. The scientists hope to clone them. ☐

3. Some people are crazy about their idea. ☐

4. They decided to donate money. ☐

5. They wish to learn more. ☐

B 3형식 문장을 포함하는 다음 글을 읽고, 질문에 답하세요.

It is possible because of their DNAs from fossils. The scientists hope to clone them. Some people are crazy about their idea. So they decided to donate money for this project. They wish to learn more about these mysterious animals.

Q 윗글의 내용과 일치하는 것은?

① 멸종 동물들의 DNA는 더 이상 존재하지 않는다.

② 과학자들은 멸종 동물 복제가 불가능하다고 믿는다.

③ 멸종 동물 복제에 찬성하는 사람들은 돈을 지원하기도 한다.

WORD because of ~ 때문에   DNA 유전자   fossil 화석   hope 희망하다, 바라다   clone 복제하다   crazy 열광하는, 미친
decide 결심하다   donate 기부하다   project 프로젝트   wish 소망하다   learn 배우다   mysterious 신비한

READING 3

A [주어] [동사] [목적어] 로 이루어진 문장에 체크하고 분석하세요. (3개)

1 Others refuse to accept this idea. ☐

2 The dinosaurs can be dangerous for other animals. ☐

3 They chose not to support this project. ☐

4 They go further. ☐

5 They continue to warn people. ☐

B 3형식 문장을 포함하는 다음 글을 읽고, 질문에 답하세요.

But <u>others</u> refuse to accept this idea. They say the dinosaurs can be dangerous for other animals or even people. So they chose not to support this project. They go further and they continue to warn people about this matter.

Q 다음 중 밑줄 친 <u>others</u>에 대한 설명으로 알맞은 것은?
① 멸종 동물 복제는 실현 불가능한 일이라고 생각한다.
② 복제된 공룡은 인류에 위협이 될 수 있다고 생각한다.
③ 이 프로젝트에 반대하는 데 후원해야 한다고 생각한다.

WORD others 다른 사람들   refuse 거절하다, 거부하다   accept 받아들이다   dangerous 위험한   even 심지어   choose 선택하다 (choose-chose)   support 지지하다   go further 더 나아가다   continue 계속하다   warn 경고하다

REVIEW

지문에서 분석한 3형식 문장을 확인하고, 해석하세요.

READING 1

① I / want / to see dinosaurs or mammoths.
　　S　　V　　　　　　O

나는 원한다　　　공룡이나 매머드를 보기를

③ Do / I / need / to travel (to the past)?
의문문 조동사　S　V　　　O

④ Some scientists / are planning / to bring some extinct animals.
　　　S　　　　　　　V　　　　　　O

READING 2

② The scientists / hope / to clone them.
　　　S　　　　V　　　O

④ They / decided / to donate money.
　　S　　V　　　O

⑤ They / wish / to learn more.
　　S　　V　　　O

READING 3

① Others / refuse / to accept this idea.
　　S　　V　　　O

③ They / chose / not to support this project.
　　S　　V　　　O

⑤ They / continue / to warn people.
　　S　　V　　　O

UNIT 4 수식어가 붙어 길어진 3형식

주어	동사	목적어	수식어
S	V	O	( )

3형식의 필수 성분인 〈주어 + 동사 + 목적어〉 외에 수식어를 써서 문장을 풍성하게 할 수 있어요. 특히 〈전치사 + 명사〉는 자주 나오는 수식어 형태로, 괄호를 치는 습관을 들이는 게 좋아요.

❶ 〈주어 + 동사 + 목적어〉 뒤에 오는 수식어

They / want / to stay home / (because of the weather).
　S　　　V　　　　O　　　　　　　　　　(수식어)
그들은　　원한다　　집에 머물기를　　　　　　날씨 때문에

* 문장 뒤에는 다양한 부사구나 전치사구가 와서 문장이 길어질 수 있어요.

❷ 앞의 목적어(명사)를 수식하는 형용사 역할도 하는 전치사구

He / didn't know / the truth (of the matter) / (back then).
　S　　　V　　　　　　O　　　(수식어)　　　　　(수식어)
그는　　알지 못했다　　진실을　(그 문제의)　　　　그때는

* 목적어인 명사를 꾸미는 전치사구인지 문장의 전치사구인지는 해석을 통해 확인해야 해요.

　He couldn't stand <u>the smell (of fish)</u> (at the market).

　그는 시장에서 생선의 냄새를 참을 수 없었다.

1 The heavy snow / prevented / us / (from going out).
　　　　 S　　　　　　 V　　　　 O　　　　 (수식어)
　　심한 폭설이　　　　 막았다　 우리를　 외출하는 것으로부터

heavy 심한, 무거운　　 prevent ~ from -ing ~을 ...하지 못하게 하다 (prevent 막다, 예방하다)　　 go out 외출하다, 나가다

2 I forgot seeing the man until now.

forget 잊다 (forget-forgot)　　 until now 지금까지

3 She finished writing five minutes ago.

finish 끝내다, 마치다　　 write 쓰다　　 five minutes ago 5분 전에

4 They bought a new refrigerator last week.

buy 사다 (buy-bought)　　 refrigerator 냉장고　　 last week 지난주에

5 He decided to join the club with his friends.

decide 결정하다, 결심하다　　 join 가입하다, 합류하다　　 club 클럽, 동아리

6 These cookies contain no preservatives for your health.

cookie 쿠키　　 contain 함유하다, ~이 들어 있다　　 preservative 방부제　　 health 건강

7 We expected to see the result for the past decade.

expect 기대하다, 예상하다　　 result 결과　　 past 지난, 과거의　　 decade 10년

READING 1

A 주어 동사 목적어 (수식어) 로 이루어진 문장에 체크하고 분석하세요. (2개)

① We / keep / the food / (in the refrigerator). ☑
　　 S　　 V 　　　 O 　　　 (수식어)

② The food goes bad in several days. ☐

③ The smell of the rotten food will be all over the house. ☐

④ It will smell so bad. ☐

⑤ You will smell it from anywhere in your house. ☐

B 3형식 문장을 포함하는 다음 글을 읽고, 질문에 답하세요.

We keep the food in the refrigerator. _____, the food goes bad in several days. And few more days later, the smell of the rotten food will be all over the house. It will smell so bad and you will smell it from anywhere in your house.

Q 윗글의 빈칸에 들어갈 접속사로 알맞은 것은?

① So

② Next

③ If not

WORD keep 보관하다, 유지하다　refrigerator 냉장고　go bad 상하다　several 몇몇의　smell 냄새; 냄새가 나다, 냄새를 맡다
rotten 썩은, 부패한　all over 곳곳에　anywhere 어디서든지

READING 2

A 주어 동사 목적어 (수식어) 로 이루어진 문장에 체크하고 분석하세요. (3개)

1️⃣ A man bought a hamburger in a fast food restaurant. ☐

2️⃣ He put it in a cabinet to eat later. ☐

3️⃣ He forgot about it FOR 10 YEARS! ☐

4️⃣ This 10-year-old hamburger must be badly rotten. ☐

5️⃣ He didn't notice the smell of rotten food for a decade! ☐

B 3형식 문장을 포함하는 다음 글을 읽고, 질문에 답하세요.

A man bought a hamburger in a fast food restaurant. He put it in a cabinet to eat later. But he forgot about it FOR 10 YEARS!!! This 10-year-old hamburger must be badly rotten. But he didn't notice the smell of rotten food for a decade!

Q 윗글의 'A man'에 대한 설명으로 옳은 것은?

① 수년 간 햄버거를 보관함에 넣고, 그 사실을 잊었다.

② 수년 만에 패스트푸드 음식점에서 햄버거를 먹었다.

③ 냄새를 맡지 못해 상한 햄버거를 10년 내내 먹었다.

WORD buy 사다 (buy-bought) fast food 패스트푸드 restaurant 식당 put 놓다, 넣다 (put-put) cabinet 보관함 later 나중에 forget 잊어버리다 (forget-forgot) badly 심하게, 몹시 notice 알아차리다 decade 10년

READING 3

A 주어 동사 목적어 (수식어) 로 이루어진 문장에 체크하고 분석하세요. (3개)

① The reason was surprising. ☐

② The hamburger didn't rot at all. ☐

③ Food makers put some preservatives in the food. ☐

④ They prevent food from going rotten. ☐

⑤ Preservatives do serious harm to us. ☐

B 3형식 문장을 포함하는 다음 글을 읽고, 질문에 답하세요.

The reason was surprising. The hamburger didn't rot at all. Food makers usually put some preservatives in the food. They prevent food from going rotten. Many people think preservatives do serious harm to us. So they are worried about eating hamburgers.

Q 윗글에서 언급된 것이 아닌 것은?

① 방부제가 음식을 썩지 않게 하는 이유

② 식품 제조 회사들이 방부제를 넣는 이유

③ 사람들이 햄버거에 대해 걱정하는 이유

WORD reason 이유 surprising 놀라운 rot 썩다, 부패하다 at all 전혀 food maker 음식을 만드는 사람, 식품 제조 회사
usually 보통, 대개 preservative 방부제 prevent 막다, 예방하다 serious harm 심각한 피해

REVIEW

지문에서 분석한 3형식 문장을 확인하고, 해석하세요.

READING 1

① We / keep / the food / (in the refrigerator).
　 S　　 V　　　 O　　　　　　 (수식어)
　 우리는　보관한다　음식을　　　　냉장고 안에

⑤ You / will smell / it / (from anywhere in your house).
　 S　　　 V　　　 O　　　　　　 (수식어)

☐

☐

READING 2

① A man / bought / a hamburger / (in a fast food restaurant).
　 S　　　 V　　　　 O　　　　　　 (수식어)

② He / put / it / (in a cabinet) (to eat later).
　 S　 V　 O　 (수식어)　　 (수식어)

⑤ He / didn't notice / the smell (of rotten food) / (for a decade)!
　 S　　 V　　　　　 O　　　　　　　 (수식어)

☐

☐

☐

READING 3

③ Food makers / put / some preservatives / (in the food).
　 S　　　　 V　　　 O　　　　　　 (수식어)

④ They / prevent / food / (from going rotten).
　 S　　 V　　 O　　 (수식어)

⑤ Preservatives / do / serious harm / (to us).
　 S　　　　 V　　 O　　 (수식어)

☐

☐

☐

Future Human

*Do you want to be taller and thinner with bigger eyes? *Many people today won't deny ⓐ it. But *the future humans won't have ⓑ the same wishes. Humans will look just like that in 1,000 years.

WORD taller 키가 더 큰   thinner 더 날씬한, 더 마른   won't ~하지 않을 것이다 (will not의 줄임말)   deny 부정하다   future 미래 human 인간   wish 소망   look like ~처럼 보이다

1 밑줄 친 ⓐ와 ⓑ가 공통으로 가리키는 것을 윗글에서 찾아 빈칸에 쓰세요.

  ○ People want ....

2 윗글에 대한 설명으로 가장 올바른 것은?

  ① 미래의 인간은 지금의 우리와 같은 소망을 가질 것이다
  ② 천 년 안에 인간은 가장 이상적인 외모를 갖출 것이다.
  ③ 미래의 인간은 현재 우리의 모습과는 다를 것이다.

 3형식 문장 분석 위 지문에 * 표시된 3형식 문장을 분석해 보세요.

Ⓐ   Do / you / want / to be taller and thinner (with bigger eyes)?
    의문문 조동사   S   V   O

Ⓑ   Many people today won't deny it.

Ⓒ   The future humans won't have the same wishes.

106

Future Human

*People will need to change because of global warming. The earth will get hotter. Then, *people will need tall and thin bodies to stay cool. Nobody wants _____ a lot. So their look will change.

WORD
change 변하다   because of ~ 때문에   global warming 지구 온난화   get hotter 더 뜨거워지다
stay 머무르다, 지내다   cool 시원한   nobody 아무도   sweat 땀을 흘리다; 땀   look 외모; 보이다

1 윗글의 내용과 일치하는 것은?

① 변화하는 지구 환경에 유리한 몸으로 변한다.
② 지구 온난화로 더 많은 땀을 흘려 외모가 변한다.
③ 키가 크고 날씬한 인간만이 뜨거운 환경에 살아남는다.

2 윗글의 빈칸에 동사 sweat이 들어가기에 알맞은 형태는?

① sweat
② sweating
③ to sweat

 3형식 문장 분석 위 지문에 * 표시된 3형식 문장을 분석해 보세요.

Ⓐ People will need to change because of global warming.

Ⓑ People will need tall and thin bodies to stay cool.

Future Human

Also, the ozone layer will get thinner. *The thinner ozone layer means more harmful radiation (e.g. UV) of the sun. Then *people will need darker skin because *it will protect them from the radiation.

WORD ozone layer 오존층 (오존을 포함하고 있는 대기층으로, 인체에 해로운 태양의 자외선을 잘 흡수함) thinner 더 얇은
harmful 해로운 radiation 방사선 UV 자외선 (ultraviolet의 약자) darker 더 어두운 protect 보호하다

1 윗글에서 오존층에 대해 언급된 것으로 적절한 것은?

　① 오존층은 한 번 얇아지면 점점 그 속도가 빨라진다.
　② 태양의 해로운 방사선이 오존층을 더욱 얇게 만든다.
　③ 더 얇은 오존층은 더 많은 방사선을 지구로 들어오게 한다.

2 윗글에서 알 수 있는 방사선과 피부색의 관계는?

　① 태양 방사선과 피부색은 아무런 관계가 없다.
　② 방사선에 더 노출될수록 피부색은 어두워진다.
　③ 피부색이 어두울수록 방사선을 더 잘 막아 준다.

 3형식 문장 분석 위 지문에 * 표시된 3형식 문장을 분석해 보세요.

Ⓐ The thinner ozone layer means more harmful radiation of the sun.

Ⓑ People will need darker skin.

Ⓒ It will protect them from the radiation.

Future Human

Besides, *people will prefer to live in darker and cooler places because *they will avoid staying under this radiation. So <u>they will need bigger and stronger eyes</u>. *Can you imagine future humans?

WORD besides 게다가   prefer 선호하다   because 왜냐하면, ~ 때문에   avoid 피하다   stronger 더 강한
imagine 상상하다

1 미래 사람들이 사는 곳을 선택하는 기준으로 알맞은 것은?

    ① 방사선을 피할 수 있는 곳
    ② 눈에 덜 해로울 수 있는 곳
    ③ 큰 눈에 적합할 수 있는 곳

2 밑줄 친 부분의 원인을 찾아 20자 이내의 우리말로 서술하세요.

    ○ _____

 3형식 문장 분석 위 지문에 * 표시된 3형식 문장을 분석해 보세요.

Ⓐ People will prefer to live in darker and cooler places.

Ⓑ They will avoid staying under this radiation.

Ⓒ Can you imagine future humans?

CHAPTER 4
4형식 문장

1 형식	주어	동사		
2 형식	주어	동사	보어	
3 형식	주어	동사	목적어	
4 형식	주어	동사	간접 목적어	직접 목적어
5 형식	주어	동사	목적어	목적격 보어

[유닛별 구성]

Unit 1. 4형식 기본 문장
Unit 2. 4형식과 3형식 비교
Unit 3. 수식어가 붙어 길어진 4형식
Unit 4. 직접 목적어가 길어진 4형식
4형식 문장 종합 독해

⊙ 4형식 문장이란?

주어(Subject)와 동사(Verb) 뒤에 "목적어"를 두 개 갖는 문장이에요.

<u>He</u> <u>gave</u> <u>her</u> <u>flowers</u>.

S	V	IO (간접 목적어)	DO (직접 목적어)
그는	주었다	그녀에게	꽃을

▷ **4형식을 만드는 동사의 특징**
4형식 동사(수여동사)는 주로 '누구에게 무엇을 해 주다'와 같은 의미를 가진 동사예요. ('수여' = '주다')

▷ **2개의 목적어를 부르는 이름**
주다(동사)의 '~에게'에 해당하는 목적어를 간접 목적어 (Indirect Object)라고 해요.
그리고, 직접적인 대상인 '~을'에 해당하는 목적어를 직접 목적어 (Direct Object)라고 해요.

▷ **3형식과 4형식 비교**

* 3형식: 목적어 1개

<u>She</u>	<u>makes</u>	cookies	(for them).
S	V	목적어 (O)	(수식어)
그녀는	만든다	쿠키를	그들을 위해

* 4형식: 목적어 2개

<u>She</u>	<u>makes</u>	them	cookies.
S	V	간접 목적어 (IO)	직접 목적어 (DO)
그녀는	만들어 준다	그들에게	쿠키를

⊙ 4형식 문장에서 자주 쓰이는 동사 (√ 알고 있는 단어에 체크해 보세요.)

☐ give 주다	☐ buy 사 주다	☐ show 보여 주다	☐ teach 가르쳐 주다
☐ make 만들어 주다	☐ tell 말해 주다	☐ offer 제공해 주다	☐ send 보내 주다
☐ write 써 주다	☐ find 찾아 주다	☐ ask 물어보다	☐ promise 약속해 주다
☐ bring 가져와 주다	☐ grant 허락해 주다	☐ pay 지불해 주다	☐ cook 요리해 주다

4형식 기본 문장

주어	동사	간접 목적어	직접 목적어
S	V	IO	DO

4형식은 '~에게(간접 목적어) ~을(직접 목적어) ...해 주다'라는 뜻으로
목적어를 2개 갖는 문장이에요.

---

❶ 간접 목적어와 직접 목적어가 있는 문장

My grandfather / gave / me / this name.
　　　　S　　　　　　　V　　　IO　　　　DO

　나의 할아버지께서　　　주셨다　나에게　　이 이름을

* 간접 목적어는 주로 사람이며, 직접 목적어는 주로 사물을 써요.

---

❷ 간접 목적어와 직접 목적어가 있는 명령문

(You) / Show / me / your photos.
　(S)　　　V　　IO　　　DO

(주어 생략)　보여 줘라　나에게　　네 사진들을

* 명령문은 주어 없이 동사로 시작하는 문장이에요. 부정 명령문은 동사 앞에 Don't를 쓰면 돼요.

1 His parents / made / him / some paper planes.
S　　　　　　V　　　IO　　　　DO
그의 부모님은　만들어 주었다　그에게　　약간의 종이비행기를

parents 부모님　make 만들다 (make-made)　paper plane 종이비행기

2 She doesn't tell us lies.

tell 말하다　lie 거짓말

3 The dentist shows me the wrong way.

dentist 치과 의사　show 보여 주다　wrong way 잘못된 방법

4 He will ask the physicist some questions.

ask 물어보다　physicist 물리학자　question 질문

5 We must write them a lot of similar letters.

write 쓰다　a lot of 많은　similar 비슷한　letter 편지

6 The new lawyer gave others great influence.

lawyer 변호사　give 주다 (give-gave)　others 다른 사람들　influence 영향

7 You can offer yourself an interesting experience.

offer 제공하다　yourself 너 자신　interesting 재미있는, 흥미로운　experience 경험

113

READING 1

A 주어 동사 간접 목적어 직접 목적어 로 이루어진 문장에 체크하고 분석하세요. (3개)

① Your parents / gave / you / a name. ☑
     S   V   IO   DO

② People call you by that name. ☐

③ Ask yourself a question. ☐

④ I will tell you something. ☐

⑤ Your name has some influence on you. ☐

B 4형식 문장을 포함하는 다음 글을 읽고, 질문에 답하세요.

> My name is...

Your parents gave you a name. And people call you by that name. Now, ask yourself a question. Does a name play only <u>that role</u>? Well, I will tell you something. Your name has some influence on you.

Q 윗글의 밑줄 친 <u>that role</u>이 가리키는 것을 찾아 우리말로 쓰세요.

◐ ....

WORD parents 부모님 call 부르다 ask 묻다 yourself 너 자신 question 질문 play a role 역할을 하다 (role 역할)
something 무언가, 어떤 것 have some influence on ~에 약간의 영향을 미치다 (influence 영향)

114

READING 2

A 주어 동사 간접 목적어 직접 목적어 로 이루어진 문장에 체크하고 분석하세요. (2개)

1. I will show you an interesting fact. ☐
2. 'Albert' is smart. ☐
3. He is one of the greatest physicists. ☐
4. Something is similar to a certain name. ☐
5. It gives people some impression. ☐

B 4형식 문장을 포함하는 다음 글을 읽고, 질문에 답하세요.

I will show you an interesting fact. Many people think 'Albert' is smart. This is because of Albert Einstein.
He is one of the greatest physicists of the 20th century.
If something is similar to a certain name, it gives people some impression.

My name is...

Q 윗글을 통해 알 수 있는 것은?
① Albert라는 이름의 사람들은 실제로 똑똑한 사람들이 많다.
② 사람들은 같은 이름의 사람들이 비슷할 것이라는 생각을 한다.
③ 똑똑한 아이를 원하는 부모는 아이를 Albert라고 이름 짓는다.

WORD show 보여 주다 interesting 흥미로운 fact 사실 smart 똑똑한 because of ~ 때문에 greatest 가장 훌륭한
physicist 물리학자 similar to ~와 비슷한 certain 특정한 give 주다 impression 인상

115

A 주어 동사 간접 목적어 직접 목적어 로 이루어진 문장에 체크하고 분석하세요. (2개)

1. I can tell you more examples. ☐

2. Many Louis' live in the city of St. Louis. ☐

3. Many Lawrence's become lawyers. ☐

4. Make yourself a new name, Dennis. ☐

5. A lot of dentists are 'Dennis'! ☐

B 4형식 문장을 포함하는 다음 글을 읽고, 질문에 답하세요.

I can tell you more examples. Many Louis' live in the city of St. Louis. And many Lawrence's become lawyers. Do you want to be a dentist? Then make yourself a new name, Dennis. A lot of dentists are 'Dennis'!

Q 윗글의 필자가 더 많은 예시들을 소개하고 있는 이유로 알맞은 것은?

① 이름이 그 사람에게 영향을 미친다는 것을 설명해 주려고

② 이름으로 그 사람의 정보를 알 수 있다는 것을 말해 주려고

③ 이름이 직업 선택의 이유가 될 수 있다는 것을 보여 주려고

WORD example 예시　city 도시　St. Louis 세인트루이스 (미국 미주리주에 위치한 도시)　lawyer 변호사　dentist 치과 의사
a lot of 많은

REVIEW

지문에서 분석한 4형식 문장을 확인하고, 해석하세요.

READING 1

1 Your parents / gave / you / a name.
　　　 S 　　　　 V 　　　 IO 　　 DO
당신의 부모님은　주었다　당신에게　하나의 이름을

☐

3 (You) / Ask / yourself / a question.
　　 (S) 　　 V 　　　 IO 　　　 DO

☐

4 I / will tell / you / something
　 S 　　 V 　　　 IO 　　 DO

☐

READING 2

1 I / will show / you / an interesting fact.
　 S 　　 V 　　　 IO 　　　 DO

☐

5 It / gives / people / some impression.
　 S 　　 V 　　 IO 　　　 DO

☐

READING 3

1 I / can tell / you / more examples.
　 S 　　 V 　　 IO 　　 DO

☐

4 (You) / Make / yourself / a new name, Dennis.
　　 (S) 　　 V 　　　 IO 　　　 DO

☐

주어	동사	직접 목적어	수식어
S	V	DO	(전치사 + 간접 목적어)

4형식 문장은 같은 의미의 3형식 문장으로 바꿀 수 있어요.
간접 목적어를 수식어 〈전치사 + 간접 목적어〉로 바꾸어
직접 목적어 뒤로 옮기면, 3형식 문장이 돼요.

❶ 4형식 문장

She / sent / me / an email.
S   V   IO   DO
그녀는   보냈다   나에게   이메일 하나를

* 4형식은 간접 목적어(사람이나 대상)와 직접 목적어(사물)를 가지는 문장이에요.

❷ 4형식 문장과 같은 의미의 3형식 문장

She / sent / an email / (to me).
S   V   DO   (수식어)
그녀는   보냈다   이메일 하나를   나에게

* 4형식 문장에서 간접 목적어(사람)를 〈전치사 + 사람〉의 형태로 바꾸면 3형식이 돼요.

동사에 따라 사용하는 전치사가 달라요.

➩ 전치사 to: give, offer, send, show, tell, bring, lend, teach (대부분 to를 써요.)
➩ 전치사 for: buy, make, get, find, cook ('~을 위해'라는 의미가 강한 동사에는 for를 써요.)
➩ 전치사 of: ask (ask 동사 하나만 of를 써요.)

① The parrot / teaches / the children / how to mimic.
   S   V   IO   DO
   그 앵무새는 가르쳐 준다 그 아이들에게   따라 하는 법을

parrot 앵무새   teach 가르치다   how to mimic 따라 하는 법 (mimic 따라 하다, 흉내 내다)

② The parrot / teaches / how to mimic / (to the children). (①과 같은 의미의 3형식)
   S   V   DO   (수식어)
   그 앵무새는 가르쳐 준다 따라 하는 법을   그 아이들에게

③ My dad bought me a new bike.

buy 사 주다 (buy-bought)   bike 자전거

④ My dad bought a new bike for me.   (③과 같은 의미의 3형식)

⑤ She will send you a text message.

send 보내다   text message 문자 메시지

⑥ She will send a text message to you.   (⑤와 같은 의미의 3형식)

⑦ This pink whale may bring people some peace.

whale 고래   bring 가져오다   peace 평화

119

READING 1

A 주어 동사 간접 목적어 직접 목적어 로 이루어진 문장에 체크하고 분석하세요. (2개)

1 Your pet / is maybe sending / you / a sign.
   S   V   IO   DO
   ☑

2 Bring a doctor for me.
   ☐

3 Your pet can't speak.
   ☐

4 It can send a sign to you.
   ☐

5 Bring me a doctor.
   ☐

B 4형식 문장을 포함하는 다음 글을 읽고, 질문에 답하세요.

Your pet is maybe sending you a sign. Maybe ⓐ it is saying "Bring a doctor for me. I'm sick." But you can't understand what ⓑ it is because your pet can't speak. ⓒ It can send a sign to you. But it can't say "Bring me a doctor."

Hello.

Oh, hi~

Q 윗글의 밑줄 친 ⓐ~ⓒ 중 가리키는 대상이 다른 것은?

① ⓐ

② ⓑ

③ ⓒ

WORD pet 반려동물 maybe 아마도, 어쩌면 send 보내다 sign 신호 bring 데려오다 doctor 의사 sick 아픈
understand 이해하다 speak 말하다

120

READING 2

A 주어 동사 간접 목적어 직접 목적어 로 이루어진 문장에 체크하고 분석하세요. (2개)

1. You can buy a parrot for yourself. ☐

2. You can teach your parrot many words. ☐

3. It will memorize them and talk. ☐

4. You can teach some sentences to your parrot. ☐

5. You should buy yourself a parrot. ☐

B 4형식 문장을 포함하는 다음 글을 읽고, 질문에 답하세요.

If you want a talking animal, you can buy a parrot for yourself. You can teach your parrot many words. It will memorize them and talk. You can teach some sentences to your parrot, too. You should buy yourself a parrot. It will be fun. Can other animals talk like us?

Hello.

Oh, hi~

Q 윗글의 parrot에 대한 설명으로 옳지 <u>않은</u> 것은?
① 사람의 말을 듣고 기억할 수 있다.
② 배운 단어들로 문장을 만들 수 있다.
③ 많은 단어를 사람에게서 배울 수 있다.

WORD 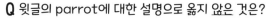 talking 말하는 parrot 앵무새 yourself 너 자신, 너 스스로 teach 가르치다 memorize 기억하다 sentence 문장
too 또한 fun 재미있는 other 다른

121

READING 3

A [주어] [동사] [간접 목적어] [직접 목적어] 로 이루어진 문장에 체크하고 분석하세요. (2개)

1. A trainer taught a whale some words.　☐

2. She showed the whale how to pronounce these words.　☐

3. The whale mimicked her perfectly.　☐

4. We can teach words to some animals.　☐

5. We show how to pronounce to the animals over and over.　☐

B 4형식 문장을 포함하는 다음 글을 읽고, 질문에 답하세요.

A trainer taught a whale some words. She showed the whale how to pronounce these words. The whale mimicked her perfectly. Maybe, we can teach words to some animals. If we show how to pronounce to the animals over and over, maybe they can talk someday. Believe it or not!

> Hello.
>
> Oh, hi~

Q 윗글에서 필자가 주장하는 바로 알맞은 것은?
① 동물들이 사람처럼 말하는 것은 불가능하다.
② 모든 동물은 오랜 시간 연습하면 말할 수 있다.
③ 몇몇 동물은 사람의 말소리를 따라 할 수 있다.

WORD trainer 훈련사　teach 가르치다 (teach-taught)　whale 고래　how to ~하는 방법　pronounce 발음하다　mimic 따라 하다, 흉내 내다 (mimic-mimicked)　perfectly 완벽하게　over and over 반복해서　someday 언젠가

122

REVIEW

지문에서 분석한 4형식 문장을 확인하고, 해석하세요.

READING 1

1 Your pet / is maybe sending / you / a sign.
  S   V   IO   DO

당신의 반려동물은 보내고 있을지도 모른다 당신에게 하나의 신호를

5 (You) / Bring / me / a doctor.
  (S)   V   IO   DO

□

□

READING 2

2 You / can teach / your parrot / many words.
  S   V   IO   DO

5 You / should buy / yourself / a parrot.
  S   V   IO   DO

□

□

READING 3

1 A trainer / taught / a whale / some words.
  S   V   IO   DO

2 She / showed / the whale / how to pronounce these words.
  S   V   IO   DO

□

□

주어	동사	간접 목적어	직접 목적어	수식어
S	V	IO	DO	( )

4형식 문장 뒤에 수식어가 붙어서 문장이 길어질 수 있어요.
수식어는 문장의 형식에는 영향을 미치지 않지만, 문장의 의미를
풍성하게 해 주는 역할을 해요. * 수식어 = 부사구, 전치사구 등

❶ 부사구 수식어가 붙은 경우

She / cooks / them / curry / (once in a month).
  S   V   IO   DO   (수식어)
그녀는   요리해 준다   그들에게   카레를   한 달에 한 번

* 문장 뒤에 올 수 있는 다양한 부사구를 알아 두세요.

really fast 정말 빨리   **very slowly** 매우 느리게   **too early** 너무 일찍

next year 내년에   **in a while** 가끔

❷ 전치사구 수식어가 붙은 경우

He / made / her / a cake / (on her birthday).
  S   V   IO   DO   (수식어)
그는   만들어 줬다   그녀에게   케이크를   그녀의 생일에

* 다양한 전치사구를 알아 두세요. 전치사구는 〈전치사＋명사〉의 형태예요.

to school 학교로   **in the morning** 아침에   **from time to time** 때때로

on that day 그날에   **about it** 그것에 대하여

1 He / sends / his mom / some money / (from time to time).
S   V   IO   DO   (수식어)
그는 보낸다 그의 엄마에게 약간의 돈을   가끔

send 보내다   money 돈   from time to time 가끔, 이따금

2 His mother gave him a birth in 2012.

give ~ a birth ~을 낳다(~에게 태어남을 주다 / give-gave)

3 I will tell them my thoughts next week.

thought 생각   next week 다음 주

4 They will grant you the money next year.

grant 허락하다, 승인하다   money 돈   next year 내년

5 Her daughter makes her coffee every morning.

daughter 딸   coffee 커피   every morning 매일 아침

6 We wrote the teacher a special card once in a while.

write 쓰다 (write-wrote)   special 특별한   once in a while 가끔 한 번씩

7 They offered us words of comfort on that day.

offer 제공하다   words of comfort 위로의 말

125

READING 1

A 　주어　동사　간접 목적어　직접 목적어　(수식어) 　문장에 체크하고 분석하세요. (3개)

① My mom / makes / me / a birthday cake / (once in four years). ☑
     S   V   IO   DO   (수식어)

② My friends give me birthday presents once in four years. ☐

③ Some ask me the reason for that from time to time. ☐

④ My birthday is on February 29th. ☐

B 4형식 문장을 포함하는 다음 글을 읽고, 질문에 답하세요.

My mom makes me a birthday cake once in four years. My friends give me birthday presents once in four years. Some ask me the reason for that from time to time. It is because my birthday is on February 29th.

Q 윗글의 필자에 대한 설명으로 올바른 것은?

① 필자는 친구들로부터 생일 선물을 받지 못한다.

② 필자는 매년 가족이나 친구들과 생일 파티를 한다.

③ 필자의 엄마는 필자를 위해 몇 년에 한 번 생일 케이크를 만든다.

WORD birthday 생일　once in four years 4년에 한 번 (once 한 번)　present 선물　reason 이유
from time to time 가끔　February 2월

READING 2

A
주어 동사 간접 목적어 직접 목적어 (수식어) **문장에 체크하고 분석하세요.** (3개)

❶ February has 28 days.

❷ My parents write me a letter of apology on my birthday.

❸ They are sorry.

❹ They gave me a birth on that day.

❺ My friends also send me words of comfort every time.

B 4형식 문장을 포함하는 다음 글을 읽고, 질문에 답하세요.

Normally, February has 28 days. But every four years, it has 29 days. My parents write me a letter of apology on my birthday. They are sorry because they gave me a birth on that day. My friends also send me words of comfort every time.

Q 윗글에 언급된 것이 <u>아닌</u> 것은?

① 필자의 생일에 대한 부모님의 감정

② 필자의 생일이 매년 있지 않는 이유

③ 친구들의 위로에 대한 필자의 고마움

WORD normally 일반적으로　every ~마다, 모든　write 쓰다, 써 주다　letter 편지　apology 사과
give ~ a birth ~을 낳다 (~에게 태어남을 주다 / give-gave)　comfort 위로

READING 3

A 주어 동사 간접 목적어 직접 목적어 (수식어) 문장에 체크하고 분석하세요. (3개)

1. I tell them my thoughts about my birthday. ☐

2. The earth grants us an extra day every once in four years. ☐

3. It is offering us a very special day once in a while. ☐

4. I feel proud to be born on the special day. ☐

B 4형식 문장을 포함하는 다음 글을 읽고, 질문에 답하세요.

But every time, I tell them my thoughts about my birthday. I think the earth grants us an extra day every once in four years. It is offering us a very special day once in a while. So I feel proud to be born on the special day.

Q 윗글의 밑줄 친 문장의 이유로 알맞은 것은?
① 생일 선물을 많이 받을 수 있어서
② 4년에 한 번 오는 특별한 날이어서
③ 독특한 생일 선물들을 받을 수 있어서

WORD thought 생각 grant 주다, 허락하다 extra 추가의 offer 제공하다 special 특별한 once in a while 가끔
proud 자랑스러운 be born 태어나다

128

REVIEW

지문에서 분석한 4형식 문장을 확인하고, 해석하세요.

READING 1

① My mom / makes / me / a birthday cake / (once in four years).
 S   V   IO   DO   (수식어)

내 엄마는   만들어 준다   내게   생일 케이크를   4년에 한 번

☐

② My friends / give / me / birthday presents / (once in four years).
 S   V   IO   DO   (수식어)

☐

③ Some / ask / me / the reason (for that) / (from time to time).
 S   V   IO   DO   (수식어)

☐

READING 2

② My parents / write / me / a letter (of apology) / (on my birthday).
 S   V   IO   DO   (수식어)

☐

④ They / gave / me / a birth / (on that day).
 S   V   IO   DO   (수식어)

☐

⑤ My friends / also send / me / words (of comfort) / (every time).
 S   V   IO   DO   (수식어)

☐

READING 3

① I / tell / them / my thoughts / (about my birthday).
 S   V   IO   DO   (수식어)

☐

② The earth / grants / us / an extra day / (every once in four years).
 S   V   IO   DO   (수식어)

☐

③ It / is offering / us / a very special day / (once a while).
 S   V   IO   DO   (수식어)

☐

주어	동사	간접 목적어	직접 목적어
S	V	IO	DO

목적어 자리에는 명사를 써요.
그런데 그 명사는 앞뒤에 수식어가 붙어 길어질 수 있어요.
또한 명사절이 목적어로 와서, 문장이 길어지기도 해요.

---

❶ 직접 목적어가 명사구인 문장

She / made / them / (delicious) bread (with cheese).
　S　　　V　　　　 IO　　　　　　　　　　　 DO

그녀는　만들어 주었다　그들에게　　　　(맛있는) 빵을 (치즈가 들어간)

* 목적어인 명사를 꾸미는 말은 명사 앞 형용사, 명사 뒤 전치사구 또는 to부정사 등이 있어요.

They / told / her / what to do (today).
　S　　　V　　 IO　　　　　DO

그들은　말했다　그녀에게　무엇을 해야 할지를 (오늘)

* 의문사로 시작하는 명사구는 〈의문사+to부정사〉의 형태로 쓰여요.

how to do 어떻게 해야 할지, ~하는 방법　　**where to go** 어디로 가야 할지　　**when to go** 언제 가야 할지

❷ 직접 목적어가 명사절인 문장

They / tell / us / that we should go there.
　S　　 V　　IO　　　　　DO

그들은　말한다　우리에게　우리가 거기 가야 한다는 것을

* 명사절은 문장처럼 주어와 동사가 있지만, 명사로 쓰여 '~가 ~한다는 것'이라는 의미가 돼요.

SENTENCE DRILL 다음을 [주어] [동사] [간접 목적어] [직접 목적어] 로 나누고, 해석하세요.

1 She / made / me / the pretty dress (with a ribbon).
  S   V   IO   DO
  그녀는 만들어 줬다 나에게   그 예쁜 드레스를 (리본이 달린)

pretty 예쁜   ribbon 리본

2 The policeman found me my lost red bag.

policeman 경찰관   find 찾아 주다 (find-found)   lost 잃어버린

3 He showed them how to release energy.

release 방출하다, 풀어 주다   energy 에너지

4 She told me that I should go see a doctor.

go see a doctor 의사를 만나러 가다, 병원에 가다, 진찰을 받다

5 Paying attention gives us the power to make a decision.

pay attention 주의를 기울이다, 집중하다   power 힘   make a decision 결정을 내리다

6 She asked her brother how to figure out the reason.

figure out ~을 이해하다[알아내다]   reason 이유

7 He cooks his kids some food with tomato sauce.

cook 요리해 주다   tomato sauce 토마토소스

131

READING 1

A

주어 동사 간접 목적어 직접 목적어 **문장에 체크하고 분석하세요.** (3개)

1 Teachers / always tell / their students / that it is important to focus. ☑
　　　　S　　　　　V　　　　　　IO　　　　　　　　DO

2 They tell their students that they shouldn't chat during the class. ☐

3 It seems almost impossible to control all the students. ☐

4 This is giving teachers a serious headache. ☐

B 4형식 문장을 포함하는 다음 글을 읽고, 질문에 답하세요.

Teachers always tell their students that it is important to focus. They tell their students that they shouldn't chat during the class.
But still, it seems almost impossible to control all the students. This is giving teachers a serious headache.

Q 윗글에 언급된 선생님들에 대한 내용으로 틀린 것은?

① 학생들에게 수업 태도에 관해 지적하지 않는다.

② 학생들에게 수업 동안 집중의 중요성을 강조한다.

③ 수업 시간에 잡담하는 학생들을 통제하고자 한다.

WORD always 항상　important 중요한　focus 집중하다　chat 잡담하다, 수다를 떨다　during ~ 동안에　still 여전히, 아직도　seem 보이다　almost 거의　impossible 불가능한　control 통제하다　serious 심각한, 심한　headache 두통

READING 2

A

주어 동사 간접 목적어 직접 목적어 **문장에 체크하고 분석하세요.** (2개)

1. Why can't the students pay attention? □

2. One teacher figured out the reason. □

3. She came up with a unique idea. □

4. She made them new desks with bike pedals. □

5. The students asked her what to do with them. □

B 4형식 문장을 포함하는 다음 글을 읽고, 질문에 답하세요.

Why can't the students pay attention? <u>One teacher</u>
figured out the reason. They simply had too much
energy. So she came up with a unique idea. She
made them new desks with bike pedals. Just pedals,
no wheels. The students asked her what to do
with them.

Q 윗글의 밑줄 친 <u>One teacher</u>가 만든 책상으로 알맞은 것은?

① 바퀴가 달린 자전거 책상

② 자전거 페달이 달린 책상

③ 서서 공부할 수 있는 책상

WORD   pay attention 집중하다   figure out 알아내다   reason 이유, 까닭   simply 단순히   come up with ~을 제시하다
unique 독특한   pedal (자전거의) 페달   wheel (자동차나 자전거의) 바퀴, 핸들

READING 3

A 주어 동사 간접 목적어 직접 목적어 문장에 체크하고 분석하세요. (2개)

① She told them that they should pedal their bike desks during the class. ☐

② The desks gave them a chance to release their energy. ☐

③ Many students paid more attention to the class. ☐

④ That led to better grades and health. ☐

B 4형식 문장을 포함하는 다음 글을 읽고, 질문에 답하세요.

She told them that they should pedal their bike desks during the class. The desks gave them a chance to release their energy. As a result, many students paid more attention to the class. And that led to better grades and health.

Q 윗글의 밑줄 친 The desks의 원리를 가장 잘 설명한 것은?

① 학생들이 넘치는 에너지를 내보내고 수업에 더 집중하게 한다.

② 페달 밟기에 집중해서 잡담이나 딴짓하는 것을 못하게 만든다.

③ 페달을 밟으면 집중할 수 있는 새로운 에너지가 충분히 만들어진다.

WORD pedal 페달을 밟다 chance 기회 release 방출하다 as a result 결과적으로 pay attention to ~에 집중하다
lead 이어지다, 이끌다 (lead-led) grade 성적

134

REVIEW
지문에서 분석한 4형식 문장을 확인하고, 해석하세요.

READING 1

1 Teachers / always tell / their students / that it is important to focus.
　　S　　　　V　　　　　IO　　　　　　　DO

　선생님들은　　항상 말한다　그들의 학생들에게　집중하는 것이 중요하다는 것을

2 They / tell / their students / that they shouldn't chat (during the class).
　　S　　V　　　IO　　　　　　DO

4 This / is giving / teachers / a serious headache.
　　S　　　V　　　　IO　　　　DO

☐
☐
☐

READING 2

4 She / made / them / new desks (with bike pedals).
　　S　　V　　IO　　　DO

5 The students / asked / her / what to do (with them).
　　S　　　　V　　IO　　　DO

☐
☐

READING 3

1 She / told / them / that they should pedal their bike desks (during the class).
　S　　V　　IO　　　　　　DO

2 The desks / gave / them / a chance (to release their energy).
　　S　　　V　　IO　　　DO

☐
☐

Dream Job

You want to travel around the world and try delicious food. But *you can't get yourself an opportunity because of time and money. *I will give you <u>good news</u>. Your dream can come true FOR FREE!

> WORD · travel 여행하다; 여행 try 시도하다, 먹어 보다 delicious 맛있는 get 얻다, 받다, 마련하다 opportunity 기회
> come true 이뤄지다 for free 공짜로, 무료로

1 윗글에서 밑줄 친 <u>good news</u>의 대상으로 알맞은 것은?

① 전 세계의 맛있는 음식을 맛보기 위해 여행하는 사람
② 마음껏 세계 여행을 하기에는 돈과 시간이 부족한 사람
③ 자신의 꿈을 이루기 위해 전 세계 곳곳을 찾아다니는 사람

2 윗글 다음에 이어질 내용으로 알맞은 것은?

① 여행과 음식을 즐기기 위한 시간과 돈을 버는 방법
② 여행을 가지 않아도 맛있는 음식을 즐길 수 있는 방법
③ 시간과 돈이 없어도 여행과 음식을 즐길 수 있는 방법

 4형식 문장 분석 위 지문에 * 표시된 4형식 문장을 분석해 보세요.

Ⓐ You / can't get / yourself / an opportunity / (because of time and money).
　　S　　　V　　　　IO　　　　　DO　　　　　　　(수식어)

Ⓑ I will give you good news.

Dream Job

*A British company offers you a free travel around the world. *They also pay you the money for all the things for your trip. _____, *they even give you more than 70 million won a year.

WORD British 영국의 company 회사 offer 제공하다 pay 지불하다 trip 여행 even 심지어, ~조차도 million 백만
won 원 (한국의 화폐 단위)

1 밑줄 친 <u>A British company</u>의 제안으로 틀린 것은?

① 많은 돈을 별도로 제공한다.
② 공짜로 해외여행을 보내 준다.
③ 여행 경비의 일부분을 지원해 준다.

2 윗글의 빈칸에 알맞은 것은?

① So
② But
③ Plus

 4형식 문장 분석 위 지문에 * 표시된 4형식 문장을 분석해 보세요.

A A British company offers you a free travel around the world.

B They also pay you the money for all the things for your trip.

C They even give you more than 70 million won a year.

Dream Job

*This company makes people <u>vegetarian food</u>.
*They promised people no animal product.
So their food only includes fruits, vegetables,
grains, and beans. *They are now offering
vegetarians many kinds of products.

WORD vegetarian 채식주의자 promise 약속하다 product 제품 include 포함하다 vegetable 채소 grain 곡물
bean 콩 kind 종류

1 윗글의 밑줄 친 <u>vegetarian food</u>와 같은 의미의 표현을 지문에서 찾아 쓰세요.

   ○ ....

2 윗글의 회사와 어울리는 음식이 <u>아닌</u> 것은?

   ① 두부 파스타
   ② 치킨 햄버거
   ③ 버섯 샐러드

 4형식 문장 분석 위 지문에 * 표시된 4형식 문장을 분석해 보세요.

Ⓐ This company makes people vegetarian food.

Ⓑ They promised people no animal product.

Ⓒ They are now offering vegetarians many kinds of products.

Dream Job

Now @the company is looking for ⓑtasters.
And they want one thing. "Eat vegetarian
food in the world and *tell us how it tasted."
*The tasters must send them a monthly report. They
hope that *the tasters can find them a new recipe.

WORD look for ~을 찾다 taster 시식가 taste 맛이 나다 send 보내다 monthly 한 달에 한 번의, 매월의 report 보고서
recipe 요리법, 레시피

1 윗글에서 밑줄 친 @the company가 최종적으로 찾으려고 하는 것은?

① 특별한 재료
② 새로운 메뉴
③ 고객의 요구

2 윗글에서 @the company가 ⓑtasters에게 바라는 것으로 언급되지 않은 것은?

① 세계의 채식주의자 음식 맛보기
② 음식에 관한 정기적인 보고서 쓰기
③ 육식과 채식의 차이 분석하여 보고하기

 4형식 문장 분석 위 지문에 * 표시된 4형식 문장을 분석해 보세요.

Ⓐ (You) Tell us how it tasted.

Ⓑ The tasters must send them a monthly report.

Ⓒ The tasters can find them a new recipe.

CHAPTER 5
5형식 문장

1 형식	주어	동사		
2 형식	주어	동사	보어	
3 형식	주어	동사	목적어	
4 형식	주어	동사	간접 목적어	직접 목적어
5 형식	주어	동사	목적어	목적격 보어

[유닛별 구성]

Unit 1. 5형식 기본 문장 (목적격 보어가 명사나 형용사)
Unit 2. 목적격 보어가 to부정사인 5형식
Unit 3. 목적격 보어가 원형부정사인 5형식
Unit 4. 목적격 보어가 V-ing인 5형식
5형식 문장 종합 독해

⊙ 5형식 문장이란?

주어(Subject)와 동사(Verb) 뒤에 목적어와 그 목적어를 설명하는 목적격 보어가 있는 문장이에요.

<u>The boy</u>   <u>makes</u>   <u>his mom</u>   <u>happy</u>.

S	V	O	OC (목적격 보어)
그 소년은	만든다	그의 엄마를	행복한 (상태로)

▷ **5형식을 만드는 동사의 특징**
5형식 동사는 목적어와 목적어 보어를 갖는 동사를 말해요.

▷ **목적격 보어(Objective Complement)란?**
The boy makes his mom. 하고 문장이 끝나 버리면, "그 소년이 엄마를 만든다."라는 말이 돼요.
말이 안 되죠? 엄마를 '어떻게' 만드는지 의미가 더해져야 하는데,
그게 happy이면, 엄마를 '행복하게' 만든다는 의미가 돼요.
이와 같이 his mom = happy (O = OC) 라는 공식이 성립하고,
목적어를 보충 설명하는 말을 '목적격 보어'라고 해요.

▷ **목적격 보어의 형태**
목적격 보어로는 동사에 따라 명사, 형용사, to부정사, 원형부정사, V-ing(현재분사), p.p.(과거분사)가
올 수 있어요.

◑ 5형식 문장에서 자주 쓰이는 동사 (√ 알고 있는 단어에 체크해 보세요.)

□ make 만들다, 시키다   □ want 원하다   □ allow 허락하다   □ ask 요청하다
□ expect 기대하다   □ wish 바라다   □ call 부르다   □ find 발견하다
□ tell 말하다   □ have 시키다   □ let 시키다   □ believe 믿다
□ see 보다   □ watch 보다   □ witness 목격하다   □ hear 듣다

주어	동사	목적어	목적격 보어
S	V	O	OC (명사, 형용사)

5형식 문장의 기본 형태로,
목적격 보어로는 명사나 형용사가 올 수 있어요.

---

❶ 목적격 보어가 '명사'인 문장

They / call / their daughter / 'Angel'.
  S   V   O   OC (명사)
그들은   부른다   그들의 딸을   '천사'라고

* 목적격 보어 Angel이 목적어 their daughter를 보충 설명하고 있어요. (their daughter = Angel)

❷ 목적격 보어가 '형용사'인 문장

Regular exercise / will make / your body / healthy.
       S   V   O   OC (형용사)
규칙적인 운동이   만들 것이다   너의 신체를   건강한 (상태로)

* 목적격 보어 healthy가 목적어 your body를 보충 설명하고 있어요. (your body = healthy)
  2형식의 보어와 마찬가지로 목적격 보어도 부사가 아니라 형용사로 써야 해요.

* 목적격 보어로 명사나 형용사를 취하는 5형식 동사들을 확인하세요.
  □ make 만들다   □ keep 유지시키다   □ call 부르다   □ think 생각하다
  □ name 이름 붙이다   □ drive ~하게 만들다   □ find 발견하다   □ leave 남겨 두다

SENTENCE DRILL 다음을 [주어] [동사] [목적어] [목적격 보어] 로 나누고, 해석하세요.

1 The chef / always keeps / the knives / sharp.
S   V   O   OC
그 요리사는   항상 유지한다   그 칼들을   날카롭게

chef 요리사, 주방장   keep 유지하다   knives 칼들 (knife의 복수형)   sharp 날카로운

2 Leave me alone.

leave 남겨 두다, 놔두다   alone 혼자

3 We call our cat 'Sweety'.

call 부르다

4 They found his words false.

find 찾다, 찾아내다 (find-found)   words 단어들, 말   false 거짓의, 거짓된

5 Breathing deeply makes you peaceful.

breathe 숨을 쉬다   deeply 깊게, 깊이   peaceful 평화로운

6 We named the species 'Tyrannosaurus'.

name 이름 붙이다   species 종 (생물 분류의 기초 단위)   Tyrannosaurus 티라노사우루스

7 I think this situation stupid.

situation 상황   stupid 어리석은

143

READING 1

A 주어 동사 목적어 목적격 보어 로 이루어진 문장에 체크하고 분석하세요. (3개)

① We are sleepy or tired. ☐

② We often breathe in and out deeply. ☐

③ We / call / this / yawn. ☑
S V O OC

④ The work drives me crazy. ☐

⑤ It keeps me awake. ☐

B 5형식 문장을 포함하는 다음 글을 읽고, 질문에 답하세요.

When we are sleepy or tired, we often breathe in and out deeply. We call this yawn. Is it a signal from the brain? "The work drives me crazy. It keeps me awake all day long. I need some rest! Leave me alone!"

Q yawn의 정의를 윗글에서 찾아 영어로 쓰세요.

➲ ....

WORD sleepy 졸린 tired 피곤한 breathe 숨 쉬다 deeply 깊게 call 부르다 yawn 하품 signal 신호 brain 뇌 drive 몰다, 운전하다 crazy 정상이 아닌, 미친 듯이 화가 난 awake 깨어 있는 rest 휴식, 쉼 leave 놓아두다 alone 혼자

READING 2

A 주어 동사 목적어 목적격 보어 로 이루어진 문장에 체크하고 분석하세요. (2개)

1. One thing is sure. ☐

2. Yawning keeps your brain healthy. ☐

3. Your brain cools down when you yawn. ☐

4. You might think it stupid. ☐

5. It is not a joke. ☐

B 5형식 문장을 포함하는 다음 글을 읽고, 질문에 답하세요.

Maybe or maybe not. But one thing is sure.
Yawning keeps your brain healthy. It is because
your brain cools down when you yawn.
And this means the bigger your brain is,
the longer yawn you need. You might think it stupid.
But it is not a joke.

Q 윗글의 내용과 일치하지 않는 것은?

① 뇌의 온도가 낮으면 하품의 길이가 길어진다.

② 더 큰 뇌를 식히려면 더 많은 공기가 필요하다.

③ 뇌의 온도를 낮춰야 할 필요가 있을 때 하품한다.

WORD maybe 아마 sure 확실한 yawn 하품하다 keep 유지시키다 brain 뇌 healthy 건강한 cool down 식히다
bigger 더 큰 longer 더 긴 stupid 어리석은, 멍청한 joke 농담

READING 3

A 주어 동사 목적어 목적격 보어 로 이루어진 문장에 체크하고 분석하세요. (3개)

1. Scientists studied yawning animals of 24 species. ☐

2. They named this research "Big Yawning Project". ☐

3. They found it true. ☐

4. This result can make some long yawners relieved. ☐

5. You just have a big brain. ☐

B 5형식 문장을 포함하는 다음 글을 읽고, 질문에 답하세요.

Scientists studied yawning animals of 24 species.
They named this research "Big Yawning Project".
They found it true. This result can make some
long yawners relieved. Are you a long yawner?
Don't worry because you just have a big brain.

Q 윗글에 언급된 "Big Yawing Project"의 목적으로 알맞은 것은?

① 하품과 지능과의 관계
② 뇌 크기와 하품과의 연관성
③ 사람과 동물의 하품 길이 비교

WORD scientist 과학자 study 연구하다 (study-studied) species 종 (생물 분류의 기초 단위) name 이름 붙이다
research 연구 find 발견하다, 알아내다 (find-found) result 결과 relieved 안심이 되는, 안도하는 worry 걱정하다

REVIEW
지문에서 분석한 5형식 문장을 확인하고, 해석하세요.

READING 1

❸ We / call / this / yawn.
  S   V   O   OC

우리는 부른다 이것을 하품이라고

❹ The work / drives / me / crazy.
    S   V   O   OC

❺ It / keeps / me / awake.
  S   V   O   OC

READING 2

❷ Yawning / keeps / your brain / healthy.
    S   V   O   OC

❹ You / might think / it / stupid.
  S   V   O   OC

READING 3

❷ They / named / this research / "Big Yawning Project".
   S   V   O   OC

❸ They / found / it / true.
   S   V   O OC

❹ This result / can make / some long yawners / relieved.
    S   V   O   OC

UNIT 2 목적격 보어가 to부정사인 5형식

주어	동사	목적어	목적격 보어
S	V	O	OC (to부정사)

목적격 보어 자리에 동사가 와야 하는 경우,
to부정사 즉, 〈to + 동사원형〉를 취하는 동사들이 있어요.
주로 유도(이끎)의 의미를 지닌 동사들이라고 볼 수 있어요.

---

❶ 목적격 보어가 'to부정사'인 문장

They / want / the scientists / to save the earth.
　S　　　V　　　　　O　　　　　　　OC (to부정사)
그들은　　원한다　　　그 과학자들이　　　　지구를 구하기를

* 목적어가 목적격 보어의 행위를 하는 거예요.
　따라서, '그 과학자들(the scientists)'이 '지구를 구한다(save the earth)'라는 관계가 성립해요.

❷ 목적격 보어가 'to부정사의 부정'인 문장

They / wished / her / not to meet him.
　S　　　V　　　O　　　OC (to부정사 부정)
그들은　　바랐다　　그녀가　　그를 만나지 않기를

* '~하지 않기를 바라다[기대하다, 요청하다]' 등의 뜻으로 말하고자 할 때는 to부정사 앞에 not을 써요.

* 목적격 보어로 to부정사를 취하는 5형식 동사들을 확인하세요.
- □ want 원하다　　□ wish 바라다　　□ get 시키다　　□ expect 기대하다
- □ ask 요청하다　　□ tell 말하다　　□ lead 이끌다　　□ allow 허락하다

1 We / wish / you / to have a great experience.
S   V   O   OC
우리는 바란다 당신이   멋진 경험을 하기를

wish 바라다   great 훌륭한, 멋진   experience 경험

2 The teacher asked me to pass out the books.

ask 부탁하다, 요청하다   pass out 나누어 주다

3 This will lead many people to change their habits.

lead 이끌다   change 바꾸다   habit 습관, 버릇

4 They want the extinct animals to come back.

extinct 멸종된   come back 돌아오다

5 Severe weather caused them to go back.

severe 극심한, 가혹한   weather 날씨   cause 원인이 되다, 일으키다, 초래하다   go back 돌아가다

6 Her parents won't allow her to go out.

parents 부모님   allow 허락하다   go out 나가다

7 They expected the asteroid to pass by.

expect 기대하다, 예상하다   asteroid 소행성   pass by 지나가다

A 주어 동사 목적어 목적격 보어 로 이루어진 문장에 체크하고 분석하세요. (2개)

① Asteroids are rocks in space. ☐

② There are billions of them. ☐

③ Something / causes / them / to escape from there . ☑
  S   V   O   OC

④ We just don't want them to head to the earth. ☐

B 5형식 문장을 포함하는 다음 글을 읽고, 질문에 답하세요.

Asteroids are rocks in space. There are billions of them, mostly between Mars and Jupiter. But something causes them to escape from there and fly away.
We just don't want them to head to the earth.

Q 윗글에서 언급된 내용이 <u>아닌</u> 것은?
① 대부분의 소행성들이 위치한 장소
② 소행성이 무엇이며 얼마나 있는지
③ 소행성이 위치에서 이탈하는 이유

WORD asteroid 소행성 rock 바위 space 우주 billions 수십억 between ~ 사이에 Mars 화성 Jupiter 목성
cause ~ to ... ~이 ...하도록 야기[초래]하다 escape 탈출하다 fly away 날아가 버리다 head to ~로 향하다

READING 2

A

주어 동사 목적어 목적격 보어 로 이루어진 문장에 체크하고 분석하세요. (2개)

① One small asteroid flew toward our planet. ☐

② It was about 20 meters long. ☐

③ No one expected it to come this close to the earth. ☐

④ Everyone wished it not to hit us. ☐

⑤ It slightly missed the earth. ☐

B 5형식 문장을 포함하는 다음 글을 읽고, 질문에 답하세요.

One small asteroid flew toward our planet a few years ago. It was about 20 meters long. No one expected it to come this close to the earth. Everyone wished it not to hit us. Fortunately, it slightly missed the earth.

Q 윗글에 언급된 소행성에 대한 설명으로 틀린 것은?

① 지구를 살짝 스쳐 지나갔다.

② 그것이 오는지 아무도 몰랐다.

③ 약 20m 길이의 작은 소행성이었다.

WORD fly 날다 (fly-flew) toward ~을 향해 planet 행성 a few 약간, 몇몇 about 약, ~ 정도 expect 예상하다, 기대하다
close 가까이 wish 바라다 hit 치다, ~와 부딪치다 fortunately 다행스럽게도 slightly 약간 miss 빗나가다

151

A 주어 동사 목적어 목적격 보어 로 이루어진 문장에 체크하고 분석하세요. (2개)

1. A large asteroid will do serious harm on the earth. ☐

2. A large asteroid led the dinosaurs to go extinct. ☐

3. Even a small one can cause the world to experience huge damage. ☐

4. It just passed by our planet. ☐

B 5형식 문장을 포함하는 다음 글을 읽고, 질문에 답하세요.

A large asteroid will do serious harm
on the earth. Many scientists believe
a large asteroid led the dinosaurs to go
extinct. But even a small one can cause
the world to experience huge damage.
So, thank God, it just passed by our planet.

Q 윗글에서 필자가 주장하고 있는 것은?

① 어떤 소행성과의 충돌도 큰 재앙이 될 것이다.

② 소행성이 미래에 지구의 종말을 가져올 것이다.

③ 큰 소행성보다 작은 소행성을 더 조심해야 한다.

WORD serious 심각한 harm 피해, 손해 lead 이끌다 (lead-led) dinosaur 공룡 extinct 멸종된, 더 이상 존재하지 않는
experience 경험하다 huge 막대한, 엄청난, 거대한 damage 손상, 피해 pass by 지나치다

REVIEW

지문에서 분석한 5형식 문장을 확인하고, 해석하세요.

READING 1

③ Something / causes / them / to escape from there.
S   V   O   OC

무언가가   야기한다   그들이   거기로부터 탈출하도록

☐

④ We / just don't want / them / to head to the earth.
S   V   O   OC

☐

READING 2

③ No one / expected / it / to come this close to the earth.
S   V   O   OC

☐

④ Everyone / wished / it / not to hit us.
S   V   O   OC

☐

READING 3

② A large asteroid / led / the dinosaurs / to go extinct.
S   V   O   OC

☐

③ Even a small one / can cause / the world / to experience huge damage.
S   V   O   OC

☐

UNIT 3 목적격 보어가 원형부정사인 5형식

주어	동사	목적어	목적격 보어
S	V	O	OC (원형부정사)

목적격 보어로 to부정사가 아니라
원형부정사(동사원형처럼 생긴 부정사)를 취하는 동사가 있어요.
to부정사에서 to가 생략된 것을 원형부정사라고 해요.
뭔가 일을 시키는 '사역동사'나 감각과 관련된 '지각동사'가 여기 해당해요.

❶ 목적격 보어로 '원형부정사'를 취하는 사역동사

(You) / Let / it / go.
(S)　　 V 　 O 　 OC (원형부정사)
　　　　 ~하게 해라　그것이　가게　　　(= 그냥 놔. 다 잊어.)

* 유명한 노래 제목 'Let it go.'가 사역동사가 있는 5형식 문장이에요.
　목적어(it)가 목적격 보어(go)하게 하는[시키는] 거예요.
　let과 같은 사역동사는 목적격 보어로 원형부정사를 취해요. 사역동사를 확인하세요.

☐ let ~하게 하다, 시키다　　☐ make ~하게 만들다, 시키다　　☐ have ~하게 하다, 시키다
☐ help 돕다 (목적격 보어로 to부정사, 원형부정사 둘 다 가능 - 주로 원형부정사로 씀)

❷ 목적격 보어로 '원형부정사'를 취하는 지각동사

I / could feel / my mind / become strong.
S 　 V 　　　　 O 　　　　 OC (원형부정사)
나는　느낄 수 있었다　내 마음이　　강해지는 것을

* feel과 같은 지각동사는 목적격 보어로 원형부정사를 취할 수 있어요. 지각동사를 확인하세요.

☐ feel 느끼다　　☐ see 보다　　☐ watch 보다　　☐ witness 목격하다
☐ hear 듣다　　☐ smell 냄새를 맡다　　☐ find 발견하다　　☐ notice 알아채다

1 I / will let / you / know.
S   V   O   OC
나는 ~하게 할 것이다 당신이 알도록 (당신에게 알려 드릴게요.)

let ~하게 하다, 시키다   know 알다

2 They heard some dogs bark.

hear 듣다 (hear-heard)   bark (개 등이) 짖다

3 She had the two sisters hug each other.

have ~하게 하다, 시키다 (have-had)   hug 껴안다, 포옹하다   each other 서로

4 They noticed the guests feel comfortable.

notice 알아채다   guest 손님   feel 느끼다   comfortable 편안한

5 We watched them get rid of wastes.

watch 보다, 지켜보다   get rid of ~을 제거하다[버리다]   waste 쓰레기

6 This will help people not hesitate.

help 도와주다   hesitate 주저하다, 망설이다

7 The doctor made the patient take medicine.

make ~하게 만들다[시키다] (make-made)   patient 환자   take medicine 약을 먹다

A [주어] [동사] [목적어] [목적격 보어] 로 이루어진 문장에 체크하고 분석하세요. (3개)

① We often hug each other. ☐

② Hugging / lets / us / share our emotions. ☑
     S   V   O   OC

③ It helps us express our feelings. ☐

④ It makes us feel comfortable. ☐

⑤ The benefits don't end there. ☐

B 5형식 문장을 포함하는 다음 글을 읽고, 질문에 답하세요.

When we are sad or happy, we often hug each other.
Hugging lets us share our emotions. It helps us
express our feelings. And it makes us feel comfortable.
But the benefits don't end there.

Q 윗글 다음에 이어질 내용으로 가장 적절한 것은?
① 포옹할 때 주의할 점들
② 우리가 포옹을 하는 이유
③ 포옹으로 얻는 많은 이점들

WORD often 종종, 자주 hug 포옹하다, 껴안다 each other 서로 share 공유하다, 나누다 emotion 감정, 정서
express 표현하다 feeling 느낌, 감정 comfortable 편안한 benefit 이로움 end 끝나다

READING 2

A

주어 동사 목적어 목적격 보어 로 이루어진 문장에 체크하고 분석하세요. (3개)

1. Hugging helps us stay healthy. ☐

2. Our body creates some chemicals. ☐

3. The chemicals help our body get less sick. ☐

4. They also help us get better sooner. ☐

5. We are sick. ☐

B 5형식 문장을 포함하는 다음 글을 읽고, 질문에 답하세요.

Hugging helps us stay healthy. Our body creates some chemicals when we hug. And the chemicals help our body get less sick. And they also help us get better sooner when we are sick.

Q 밑줄 친 some chemicals가 우리 몸에 하는 2가지 작용을 우리말로 쓰세요.

○ [작용1] ....

○ [작용2] ....

WORD stay 유지하다 healthy 건강한 create 만들어 내다 chemical 화학 물질 less sick 덜 아픈
get better 회복되다, 좋아지다 sooner 더 빨리

157

READING 3

A 주어 동사 목적어 목적격 보어 로 이루어진 문장에 체크하고 분석하세요. (3개)

① We can feel our mind become calm. ☐

② We can notice our body relax. ☐

③ Hugging helps us get rid of all the anger. ☐

④ Hugging is really good medicine. ☐

⑤ Don't hesitate to hug. ☐

B 5형식 문장을 포함하는 다음 글을 읽고, 질문에 답하세요.

Also, when we hug, we can feel our mind become calm. And we can notice our body relax. Hugging helps us get rid of all the anger. We can say <u>hugging is really good medicine.</u>
So don't hesitate to hug.

Q 윗글에서 밑줄 친 부분의 근거로 바르지 않은 것은?

① 마음을 차분하게 할 수 있어서

② 긴장이 풀리는 것을 막아 주어서

③ 화를 없애는 데에 도움이 되어서

WORD mind 마음, 정신 calm 차분한 notice 알아채다, 의식하다 relax 긴장을 풀다 get rid of ~을 없애다, ~을 제거하다
anger 화 medicine 약 hesitate 망설이다

REVIEW

지문에서 분석한 5형식 문장을 확인하고, 해석하세요.

READING 1

② Hugging / lets / us / share our emotions.
S V O OC

포용하는 것은 ~하게 한다 우리가 우리의 감정들을 공유하게

③ It / helps / us / express our feelings.
S V O OC

④ It / makes / us / feel comfortable.
S V O OC

READING 2

① Hugging / helps / us / stay healthy.
S V O OC

③ The chemicals / help / our body / get less sick.
S V O OC

④ They / also help / us / get better sooner.
S V O OC

READING 3

① We / can feel / our mind / become calm.
S V O OC

② We / can notice / our body / relax.
S V O OC

③ Hugging / helps / us / get rid of all the anger.
S V O OC

주어	동사	목적어	목적격 보어
S	V	O	OC (현재분사)

목적어 뒤에 목적격 보어로
원형부정사와 V-ing(현재분사) 둘 다를 취할 수 있는 동사들이 있어요.
의미는 비슷하지만, 현재분사는 진행의 의미를 가지고 있어요.

❶ 목적격 보어로 '원형부정사'를 취하는 지각동사

We / saw / the sun / rise.
S   V   O   OC (원형부정사)
우리는   보았다   태양이   떠오르는 것을

* 앞에서 배운 대로 지각동사의 목적격 보어로는 원형부정사가 올 수 있어요.
   목적어(the sun)가 목적격 보어(rise) 하는 거예요.

❷ 목적격 보어로 '현재분사(V-ing)'를 취할 수도 있는 지각동사

We / saw / the sun / rising.
S   V   O   OC (현재분사)
우리는   보았다   태양이   떠오르고 있는 것을

* 지각동사의 목적격 보어로는 현재분사(V-ing)도 올 수 있는데, 진행 중이라는 점이 강조돼요.
   목적어(the sun)가 목적격 보어(is rising) 하는 거예요.

* 목적격 보어로 원형부정사나 현재분사를 취하는 지각동사를 확인하세요.
- ☐ feel 느끼다
- ☐ see 보다
- ☐ watch 보다
- ☐ witness 목격하다
- ☐ hear 듣다
- ☐ smell 냄새를 맡다
- ☐ find 발견하다
- ☐ notice 알아채다

SENTENCE DRILL 다음을 [주어] [동사] [목적어] [목적격 보어] 로 나누고, 해석하세요.

1 You / will see / him / smiling.
  S   V   O   OC
당신은 볼 것이다   그가   미소 짓고 있는 것을

smile 미소 짓다

2 I watched him hesitating.

hesitate 망설이다, 주저하다

3 He might hear the girl screaming.

hear 듣다   scream 소리[비명]를 지르다

4 I noticed her returning the wallet.

notice 알아채다   return 돌려주다   wallet 지갑

5 They smelled something burning.

smell 냄새를 맡다   burn 타다, 타오르다

6 She suddenly found herself running.

suddenly 갑자기   find 발견하다 (find-found)   herself 그녀 자신   run 달리다

7 His friends witnessed him stealing.

witness 목격하다   steal 훔치다, 도둑질하다

161

READING 1

A 주어 동사 목적어 목적격 보어 로 이루어진 문장에 체크하고 분석하세요. (2개)

1. You / see / someone / dropping a wallet. ☑
   S   V   O   OC

2. He will pick it up. ☐

3. No one notices you picking up the wallet. ☐

4. There is 5,000 won. ☐

5. Would you return it to its owner? ☐

B 5형식 문장을 포함하는 다음 글을 읽고, 질문에 답하세요.

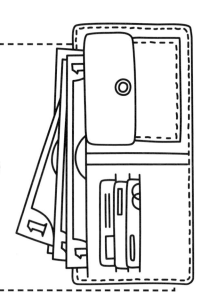

You see someone dropping a wallet. You think he will pick it up. But he just walks away. No one notices you picking up the wallet. In the wallet, there is 5,000 won. Would you return it to its owner? Or would you keep it?

Q 윗글에서 묘사되고 있는 것은?

① 친구가 떨어뜨린 지갑을 주워 주는 상황

② 돈이 든 지갑을 주인에게 돌려주는 상황

③ 거리에서 다른 사람의 지갑을 주운 상황

WORD drop 떨어뜨리다 wallet 지갑 pick up ~을 줍다 walk away 떠나 버리다, 걸어서 멀어지다 notice 알아채다, 인식하다
return 돌려주다 owner 주인 keep 가지고 있다

READING 2

A

주어 동사 목적어 목적격 보어 로 이루어진 문장에 체크하고 분석하세요. (2개)

1. How about a wallet with 100,000 won in it? ☐

2. Would you return it or keep it? ☐

3. You might find yourself hesitating to answer. ☐

4. You might hear your brain screaming "What should I do?" ☐

B 5형식 문장을 포함하는 다음 글을 읽고, 질문에 답하세요.

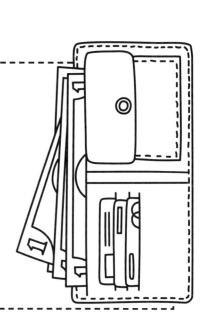

How about a wallet with 100,000 won in it? Would you return it or keep it? You might find yourself hesitating to answer. And you might hear your brain screaming "What should I do?"

Q 윗글에서 묘사하고 있는 감정으로 알맞은 것은?

① 분노

② 갈등

③ 기쁨

WORD How about ~? ~하면 어때[어떤가요]? find 찾다, 발견하다 hesitate 망설이다, 주저하다 brain 두뇌
scream 소리치다, 비명을 지르다

READING 3

A (주어) (동사) (목적어) (목적격 보어) 로 이루어진 문장에 체크하고 분석하세요. (2개)

1 We see fewer people trying to find the owners. ☐

2 The wallets have little or no money. ☐

3 We witness more people returning the fat wallets. ☐

4 They feel guilty about not returning the big money. ☐

B 5형식 문장을 포함하는 다음 글을 읽고, 질문에 답하세요.

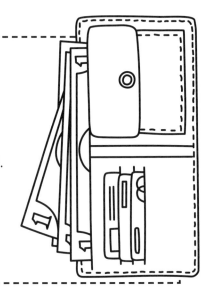

Surprisingly, we see fewer people trying to find the owners if the wallets have little or no money. And we witness more people returning the fat wallets. This is because they feel guilty about not returning the big money.

Q 윗글의 내용과 일치하는 것은?

① 돈이 없는 지갑은 주인에게 돌아가는 경우가 대부분이다.

② 적은 돈이 든 지갑을 주인에게 돌려주는 경우가 더 많다.

③ 많은 돈이 든 지갑을 주인에게 돌려주는 경우가 더 많다.

WORD surprisingly 놀랍게도 fewer 더 적은 try to V ~하려고 노력하다 little 거의 없는 (cf. a little 조금 있는)
witness 목격하다 more 더 많은 fat 두둑한, 뚱뚱한 guilty 죄책감

REVIEW

지문에서 분석한 5형식 문장을 확인하고, 해석하세요.

READING 1

❶ You / see / someone / dropping a wallet.
S   V   O   OC

당신은 본다 누군가가 지갑을 떨어뜨리고 있는 것을

☐

❸ No one / notices / you / picking up the wallet.
S   V   O   OC

☐

READING 2

❸ You / might find / yourself / hesitating to answer.
S   V   O   OC

☐

❹ You / might hear / your brain / screaming "What should I do?"
S   V   O   OC

☐

READING 3

❶ We / see / fewer people / trying to find the owners.
S   V   O   OC

☐

❸ We / witness / more people / returning the fat wallets.
S   V   O   OC

☐

Superheroes

Not only children but also adults enjoy superhero movies. They are fun to watch. And *they made us happy. *They help us relieve stress, too. Not only that, according to doctors, *they also help us stay healthy.

WORD   not only A but also B A뿐만 아니라 B도   adult 어른   superhero 슈퍼히어로 (초인적인 능력으로 사람들을 돕는 가상의 인물)
movie 영화   relieve 완화하다, 덜어 내다   according to ~에 따르면

1   사람들이 슈퍼히어로 영화를 즐기는 이유 3가지를 찾아 우리말로 쓰세요.

○ [이유1] ....

○ [이유2] ....

○ [이유3] ....

2   윗글 다음에 이어질 내용으로 알맞은 것은?

① 슈퍼히어로 영화가 주는 건강상의 도움
② 슈퍼히어로 영화 중 유명한 작품들 소개
③ 슈퍼히어로 영화의 소재로 쓰인 의학 정보

 5형식 문장 분석 위 지문에 * 표시된 5형식 문장을 분석해 보세요.

Ⓐ They / made / us / happy.
    S   V   O   OC

Ⓑ They help us relieve stress.

Ⓒ They also help us stay healthy.

Superheroes

Some people fear heights or insects like spiders. Then *we can advise them to watch movies like *Superman* and *Spiderman*. *It can make them overcome their <u>difficulties</u>. *The movie can help them remove unpleasant memories in the past.

WORD fear 두려워하다, 무서워하다　height 높이　insect 곤충　spider 거미　advise 조언하다　overcome 극복하다
difficulty 어려움　remove 제거하다, 지우다　unpleasant 불쾌한　memory 기억　past 과거

1 윗글의 내용과 일치하지 <u>않는</u> 것은?

　① '슈퍼맨'은 높이에 대한 공포를 극복하는 데 도움이 된다.
　② '스파이더맨'은 거미에 대한 공포를 이기는 데 도움이 된다.
　③ 슈퍼히어로 영화는 과거의 기억을 불러일으키는 역할을 한다.

2 밑줄 친 <u>difficulties</u>가 가리키는 것을 윗글에서 찾아 쓰세요.

　○ ....

 5형식 문장 분석 위 지문에 * 표시된 5형식 문장을 분석해 보세요.

Ⓐ We can advise them to watch movies.

Ⓑ It can make them overcome their difficulties.

Ⓒ The movie can help them remove unpleasant memories in the past.

Superheroes

Superhero movies also have <u>mental benefit</u>. As you watch ⓐ<u>them</u> like *Avengers*, *you watch ⓑ<u>them</u> helping each other. *You want ⓒ<u>them</u> to fight together. And *this can lead you to think it is important to work together.

WORD mental 정신적인   benefit 이점, 혜택, 이득   each other 서로   fight 싸우다   together 함께, 같이
lead 이끌다   important 중요한

1 윗글의 밑줄 친 <u>mental benefit</u>이 의미하는 바로 알맞은 것은?

① 협동심을 중요하게 여기게 된다.
② 영화를 즐기는 동안 짜릿함을 느끼게 한다.
③ 어려움을 극복하는 강한 정신력을 갖게 한다.

2 윗글의 밑줄 친 ⓐ~ⓒ 중에서 가리키는 것이 <u>다른</u> 하나는?

① ⓐ
② ⓑ
③ ⓒ

 5형식 문장 분석 위 지문에 * 표시된 5형식 문장을 분석해 보세요.

ⓐ You watch them helping each other.

ⓑ You want them to fight together.

ⓒ This can lead you to think it is important to work together.

Superheroes

*The superheroes will not let bad guys harm us. At the same time, *they will not allow fear to grow in our heart. And *they always remind us to help each other. _____, we can say superheroes do have <u>special power</u>.

WORD harm 해치다, 손상시키다   at the same time 동시에   allow 허락하다   fear 공포, 두려움   grow 자라다
remind 상기시키다   each other 서로   special 특별한

1 밑줄 친 <u>special power</u>에 대해 언급되지 <u>않은</u> 것은?

① 악당들이 우리를 해치지 않도록 한다.
② 서로 도와야 한다는 것을 기억하게 한다.
③ 우리 안에 공포를 없애 악당에 맞서게 한다.

2 윗글의 빈칸에 들어갈 접속사로 알맞은 것은?

① So
② But
③ Also

 5형식 문장 분석 위 지문에 * 표시된 5형식 문장을 분석해 보세요.

Ⓐ The superheroes will not let bad guys harm us.

Ⓑ They will not allow fear to grow in our heart.

Ⓒ They always remind us to help each other.

MEMO

MEMO

5가지 문장형식
처음독해

지은이	김지원
그림	정윤슬
펴낸이	라임
ISBN	979-11-90347-04-4
라임	서울특별시 성북구 고려대로7가길 3, 2층
Lime	제 25100-2012-000061 호
	blog.naver.com/studio_lime
	studio_lime@naver.com
	(TEL) 070-8953-0717
	(FAX) 02-6008-0713

품명: 도서
제조사명: 라임
제조년월: 2024년 8월
제조국: 대한민국
사용연령: 7세 이상
전화번호: 070-8953-0717
주소: 서울 성북구 고려대로7가길 3, 2층

문법의 마무리와 독해의 시작

5가지 문장형식
처음독해

PLAY & LEARN with ACTIVITY BOOKS

ANSWERS
&
EXPLANATIONS

CHAPTER 1
1형식 문장

본문 p.22~27

UNIT 1
1형식 기본 문장
Bugs the Food

SENTENCE DRILL

1형식 문장 분석 & 해석

❶ Bad things / can happen.
　　　　S　　　　　　V
　　나쁜 일들이　　일어날 수 있다

❷ He / is working.
　　S　　　V
　　그는　일하고 있다

❸ The girl / screams.
　　　S　　　　V
　　그 소녀가　비명을 지른다

❹ I / am not joking.
　　S　　　V
　　나는　농담하고 있지 않다

❺ The insect / will not die.
　　　S　　　　　V
　　그 곤충은　죽지 않을 것이다

❻ They / should come.
　　S　　　　V
　　그들은　　와야 한다

❼ The impossible plan / will succeed.
　　　　　S　　　　　　　　V
　　그 불가능한 계획은　　　성공할 것이다

READING 1

A 문장 분석

❷ Your food / comes.
　　　S　　　　V
　　당신의 음식이　나온다

❹ You / may scream.
　　S　　　V
　　당신은　소리 지를지도 모른다

❺ She / is joking.
　　S　　　V
　　그녀는　농담하고 있다

B 해석

당신은 식당에 있다. 약간의 빵과 스무디 하나를 주문한다. 마침내 당신의 음식이 나온다. 여자 종업원이 "우리는 그것들을 신선한 곤충으로 만

들었어요."라고 말한다. 당신은 소리 지를지도 모른다. 또는 그녀가 농담하고 있다고 생각해서 웃을지도 모른다.

QUESTION

정답: ② / 해설: 이 글에서 식당 손님이 소리 지르거나 웃는 이유는 ② '음식이 곤충으로 만들어져서'이다.

READING 2

A 문장 분석

❶ This / can happen.
　　S　　　V
　　이것은　일어날 수 있다

❸ I / will die.
　　S　　　V
　　나는　죽을 것이다

B 해석

가까운 미래에는, 이런 일이 정말로 일어날 수 있다. 당신은 "나는 절대로 곤충들을 먹지 않을 거야." 또는 "만약 그래야 한다면 죽어 버릴 거야."라고 말할 수도 있다. 하지만 만약 당신이 초콜릿, 피자나 스파게티를 즐겨 먹고 있다면, 당신은 이미 그것들을 먹고 있는 것이다. 얼굴을 찡그리지 마라.

QUESTION

정답: ① / 해설: 미래에는 곤충을 먹는 일이 일어날 수 있다는 내용의 글이므로, ①이 글의 내용과 일치하지 않는다.

READING 3

A 문장 분석

❷ You / won't die.
　　S　　　V
　　당신은　죽지 않을 것이다

❹ You / shouldn't cry.
　　S　　　V
　　당신은　울어서는 안 된다

B 해석

코코아 빈과 토마토 안에 있는 곤충 일부를 모두 제거하는 것은 불가능하다. 하지만 걱정하지 마라. 당신은 죽지 않을 것이다. 사실, 그것들은 당신의 건강에 좋다. 울면 안 된다. 그것은 완전히 안전하다.

QUESTION

정답: ① / 해설: 곤충이 일부 들어 있는 음식을 먹어도 괜찮다는 내용이므로, ①이 이 글의 내용과 일치한다.

UNIT 2 수식어가 붙어 길어진 1형식
Dog Park

SENTENCE DRILL

1형식 문장 분석 & 해석

❶ We / go / (to the public park).
S   V   (수식어)
우리는 간다   공공 공원으로

❷ He / lives / (in Seoul).
S   V   (수식어)
그는 산다   서울에

❸ His idea / doesn't count / (at all).
S   V   (수식어)
그의 아이디어는 중요하지 않다 전혀

❹ My neighbors / work / (very hard).
S   V   (수식어)
나의 이웃들은 일한다 매우 열심히

❺ The noise / will last / (for some days).
S   V   (수식어)
그 소리는 지속될 것이다 며칠 동안

❻ The manager / is walking / (around the sign).
S   V   (수식어)
그 관리인은 걷고 있다 그 표지판 주위로

❼ They / may complain / (about the problem).
S   V   (수식어)
그들은 불평할지도 모른다 그 문제에 대해서

READING 1

A 문장 분석

❶ I / live / (in Happy Apartment).
S   V   (수식어)
나는 산다 해피 아파트에서

❸ I / go / (to the park) (every day).
S   V   (수식어)   (수식어)
나는 간다 그 공원에 매일

❹ My dogs / run / (around the park).
S   V   (수식어)
나의 개들은 뛴다 그 공원 주변으로

B 해석

나는 해피 아파트에 산다. 여기 근처에 개 공원이 있다. 나는 강아지 두 마리를 가지고 있다. 그리고 나는 그 공원에 매일 간다. 나의 개들은 공원 주위를 뛴다. 그들은 다른 개들을 만나는 것을 즐긴다. 그래서 나는 여기에 살아서 행복하다.

QUESTION

정답: ③ / 해설: 집 주변에 개 공원이 있다는 것에 '나'는 기뻐하고 있다.

그러나 공원 '때문에' 이사를 왔다는 내용은 글에 언급되지 않았다.

READING 2

A 문장 분석

❶ A problem / begins / (at night).
S   V   (수식어)
문제는 시작된다 밤에

❷ Many dogs / bark / (a lot) (at night).
S   V   (수식어)   (수식어)
많은 개들이 짖는다 많이 밤에

❹ Many neighbors / complain / (about the noise).
S   V   (수식어)
많은 이웃들이 불평한다 그 소음에 대해서

B 해석

그러나 문제는 밤에 시작된다. 많은 개들이 밤에 많이 짖는다. 그러면 몇몇 아기들이 동시에 울기 시작한다. 그래서 나는 잠을 잘 잘 수 없다. 많은 이웃들 또한 그 소음에 대해 불평하고 있다. 그래서 아파트 관리인이 표지판을 세웠다. "밤 10시 이후로는 조용히 해 주세요."

QUESTION

정답: ③ / 해설: 개 짖는 소리, 아기들 우는 소리가 합쳐진 소음으로 '잠을 잘 잘 수 없다'는 것이 문제이다.

READING 3

A 문장 분석

❶ The sign / doesn't work / (at all).
S   V   (수식어)
그 표지판은 효과가 없다 전혀

❷ It / lasted / (for only 3 days).
S   V   (수식어)
그것은 지속되었다 딱 3일 동안만

❺ Every opinion / counts / (in here).
S   V   (수식어)
모든 의견이 중요하다 여기에서는

B 해석

그러나 그 표지판은 전혀 효과가 없다. 그것은 단지 3일 동안만 지속됐다. 나는 우리가 밤 10시 이후에 공원을 닫아야 한다고 생각한다. 그러나 몇몇 사람들은 밤 10시 이후에 공원을 사용하기를 원한다. 이것은 공공 공원이다. 여기 안에서는 모든 의견이 중요하다. 그래서 해결책을 찾기가 어렵다.

QUESTION

정답: ③ / 해설: '나'는 밤 10시 이후에는 공원을 닫아야 한다고 생각하지만, 몇몇 사람들은 그 이후에도 공원 사용을 원한다. 공원은 공공시설이어서 모두의 의견이 중요하기 때문에 해결책을 찾기 어렵다는 내용이다.

UNIT 3 · 동사구가 나오는 1형식
The Astronaut

SENTENCE DRILL

1형식 문장 분석 & 해석

❶ The astronaut / passed away / (last year).
　　　S　　　　　　V　　　　　　(수식어)
　그 우주 비행사는　　세상을 떠났다　　지난해에

❷ She / always dreamed / (of a better life).
　　S　　　　V　　　　　　　(수식어)
　그녀는　　항상 꿈꾸었다　　더 나은 삶에 대해

❸ Space engineering / actually began / (long ago).
　　　　S　　　　　　　　V　　　　　(수식어)
　우주 공학은　　　사실 시작되었다　　오래 전에

❹ The pilot / never stood out / (until now).
　　　S　　　　　V　　　　　　(수식어)
　그 비행사는　　결코 특출나지 않았다　　지금까지는

❺ She / never trained / (as a dancer).
　　S　　　　V　　　　　(수식어)
　그녀는　결코 훈련받지 않았다　댄서로서

❻ They / also served / (in the Korea Navy).
　　S　　　V　　　　　(수식어)
　그들은　또한 복무했다　한국 해군에서

❼ My colleague / didn't get up / (early) (yesterday).
　　　S　　　　　V　　　　(수식어)(수식어)
　내 동료는　　일어나지 않았다　일찍　어제

READING 1

A 문장 분석

❶ Neil Armstrong / got up / (from his seat).
　　　　S　　　　　V　　　　(수식어)
　닐 암스트롱은　　일어섰다　　그의 자리에서

❷ He / went out / (from the space ship).
　S　　　V　　　　　(수식어)
　그는　밖으로 나왔다　우주선으로부터

❸ He / walked down / (slowly).
　S　　　V　　　　(수식어)
　그는　걸어 내려왔다　천천히

B 해석

닐 암스트롱은 그의 자리에서 일어났다. 그리고 그는 우주선으로부터 (빠져) 나왔다. 그는 천천히 걸어 내려왔다. 그리고 그는 마침내 달에 발을 디뎠다. 그리고 그것은 50년 이상 되었다. 지금까지, 암스트롱을 포함해 달에서 걸어 본 사람은 단 12명 있다.

QUESTION

정답: ① / 해설: 암스트롱을 포함해서 달에서 걸어 본 사람은 단 12명뿐

이므로, ①이 정답이다.
② 달에서 걸어 본 사람이 12명이지, 닐 암스트롱이 12번 시도를 했다는 내용은 아니다. ③ 닐 암스트롱이 달에서 처음 걸어 본 것이 50년 이상 되었다는 내용이다. 이외의 다른 사람이 달을 밟는 데 걸린 시간에 대한 내용은 나오지 않았다.

READING 2

A 문장 분석

❶ He / didn't train / (as an astronaut) / (from the start).
　S　　　V　　　　　(수식어)　　　　(수식어)
　그는　훈련받지 않았다　우주 비행사로서　　처음부터

❷ He / never dreamed / (of being an astronaut).
　S　　　V　　　　　　(수식어)
　그는　결코 꿈꾸지 않았다　우주 비행사가 되는 것에 대해

❹ He / simply served / (in the U.S. Navy).
　S　　　V　　　　　(수식어)
　그는　단순히 복역했다　미 해군에서

B 해석

그는 처음부터 우주 비행사로 훈련받은 것은 아니었다. 그는 우주 비행사가 되는 것에 대해 절대 꿈꾸지 않았다. 대학교에서, 그는 우주 공학을 공부했다. 대학교 이후에, 그는 단순히 미국 해군에서 복무했다.

QUESTION

정답: ① / 해설: 그는 처음부터 우주 비행사를 꿈꾼 것이 아니었고, 대학교에서 우주 공학을 공부한 후 미국 해군으로 복무했다. 그러므로 ①의 내용이 일치하지 않는다.

READING 3

A 문장 분석

❷ He / stood out / (as a pilot).
　S　　　V　　　　(수식어)
　그는　특출났다　비행사로서

❸ He / also got along well / (with all the colleagues).
　S　　　　V　　　　　　　(수식어)
　그는　또한 잘 지냈다　　모든 동료들과 함께

❺ He / passed away / (in 2012).
　S　　　V　　　　(수식어)
　그는　세상을 떠났다　2012년에

B 해석

그러나 후에 암스트롱이 NASA에 합류했을 때, 그는 비행사가 되기로 결심했다. 그는 비행사로서 두드러졌는데, 왜냐하면 그가 매우 열심히 일했기 때문이다. 그는 또한 그의 동료들과 잘 지냈다. 그는 훌륭한 삶을 살았다. 그는 2012년에 생을 마감했다. 그러나 사람들은 그를 영원히 가장 훌륭한 우주 비행사로 기억할 것이다.

정답: ② / 해설: ② 그가 언제 은퇴했는지는 글에 언급되지 않았다.
① 비행사가 되기로 결심한 시기는 NASA에 합류한 이후이다.
③ 그에 대한 후대의 평가는 가장 훌륭한 우주 비행사라는 것이다.

본문 p.40~45

UNIT 4   주어가 길어진 1형식
Bottled Air

SENTENCE DRILL

1형식 문장 분석 & 해석

❶ Having dinner (together) / matters / (to the family).
      S   V   (수식어)
저녁을 먹는 것이 (함께)   중요하다   그 가족에게

❷ Breathing (deeply) / can help.
      S   V
숨을 쉬는 것이 (깊게)   도움이 될 수 있다

❸ The common things / did not occur / (to us).
       S   V   (수식어)
일반적인 것들이   일어나지 않았다   우리에게는

❹ Collecting old stamps / doesn't cost / (a lot).
          S   V   (수식어)
오래된 우표를 모으는 것은   비용이 들지 않는다   많이

❺ Some young men / jumped / (into the market).
       S   V   (수식어)
몇몇 젊은 남자들이   뛰어들었다   그 시장에

❻ A lot of people (in the city) / go / (to the store).
        S   V   (수식어)
많은 사람들이 (그 도시의)   간다   그 가게로

❼ A few students (in your class) / might disagree / (with you).
        S   V   (수식어)
몇몇 학생들은 (너네 반의)   동의하지 않을지도 모른다   너에게

READING 1

A 문장 분석

❶ Buying water / costs / (a lot).
      S   V   (수식어)
물을 사는 것은   비용이 든다   많이

❷ A lot of people / go / (to a store).
       S   V   (수식어)
많은 사람들이   간다   가게로

❸ Drinking clean water / matters / (to many people).
        S   V   (수식어)
깨끗한 물을 마시는 것은   중요하다   많은 사람들에게

B 해석

물을 사는 것은 비용이 많이 든다. 그러나 많은 사람들이 가게에 가서 물을 한 병 산다. 이것은 깨끗한 물을 마시는 것이 많은 사람들에게 중요하기 때문이다. 물을 산다는 것은 처음에는 미친 생각이었다. 그러나 이것은 이제 흔한 일이다.

정답: ② / 해설: 처음에는 물을 사는 것이 미친 생각이었지만, 이제는 흔한 일이 되었다는 내용이므로 ②가 정답이다.

READING 2

A 문장 분석

❶ The era (of buying fresh air) / will come.
      S   V
시대가 (신선한 물을 사는)   올 것이다

❷ Some people (in small towns) / might disagree.
       S   V
몇몇 사람들은 (작은 마을에 사는)   동의하지 않을지도 모른다

❹ Others (in big cities) / might agree.
      S   V
다른 사람들은 (큰 도시에 사는)   동의할지도 모른다

B 해석

비슷하게, 신선한 공기를 사는 시대가 올 것이다. 작은 마을에 사는 몇몇 사람들은 동의하지 않을지도 모른다. 그들은 "누가 공기를 사겠어?"라고 말할지도 모른다. 그러나 큰 도시에 사는 다른 사람들은 동의할지도 모르는데, 왜냐하면 숨을 쉬는 것이 점점 어려워지고 있기 때문이다.

정답: ③ / 해설: 신선한 공기를 사는 시대가 올 것이라고 했으므로 ③이 정답이다.
①은 언급되지 않았고, ②는 깨끗한 공기를 사는 시대가 '올 것이다'라는 미래를 이야기하고 있기 때문에, 이미 시작했다는 과거는 옳지 않다.

READING 3

A 문장 분석

❶ A few companies (in China) / jumped / (into this business).
       S   V   (수식어)
몇몇 회사들은 (중국에 있는)   뛰어들었다   이 사업에

❸ The sales (of the air bottles) / will not occur.
      S   V
판매는 (공기 병들의)   일어나지 않을 것이다

❹ These fresh air bottles / are selling /
        S   V
이런 신선한 공기 병들은   팔리고 있다

(in some cities in China) (now).
     (수식어)   (수식어)
중국의 몇몇 도시들에서   지금

사실, 중국 안의 몇몇 회사들은 이 사업에 뛰어들었다. 그들은 언덕과 계곡으로부터 신선한 공기를 모은다. 당신은 공기 병들의 판매가 일어나지 않을 것이라고 생각할지도 모른다. 그러나 이러한 신선한 공기 병들은 지금 중국 안의 몇몇 도시들에서 판매 중이다.

QUESTION

정답: ③ / 해설: 중국의 몇몇 도시에서 판매되고 있을 뿐, '전역'이라는 내용은 나오지 않았다.

본문 p.46~49

1형식 문장 종합 독해
Honest Bakery

READING 1

해석

어느 날, 지미는 마을의 새로운 빵집에 대해 들었다. 그는 작은 마을에서 자랐다. 그래서 그는 다양한 종류의 빵을 먹어 볼 기회를 거의 갖지 못했다. 그는 기다릴 수 없었다. 그래서 그는 그 빵집으로 뛰어갔다.

QUESTION 1

정답: ② / 해설: 지미의 마을은 작은 마을이라 다양한 빵을 먹어 볼 기회가 없었다. 빵집이 아예 없었다는 내용은 없으므로 ②가 지미에 대한 설명으로 옳지 않다.

QUESTION 2

정답: 다양한 빵을 먹어 보고 싶어서 / 해설: 다양한 빵을 먹어 볼 기회가 거의 없었는데, 마을에 새로운 빵집이 생겼다는 소식을 듣고, 빵을 먹어 보고 싶어서 뛰어갔을 것이다.

1형식 문장 분석

Ⓐ Jimmy / heard / (of a new bakery in town).
　S　　　V　　　　　(수식어)
지미는　들었다　마을에 생긴 새로운 빵집에 대해서

Ⓑ He / grew up / (in a small village).
　S　　V　　　　(수식어)
그는　자랐다　작은 마을에서

Ⓒ He / couldn't wait.
　S　　V
그는　기다릴 수 없었다

READING 2

해석

지미는 그 빵집에 금방 도착했다. 그는 맛있는 빵을 위해 둘러보았다. 이상하게도, 그것(빵)에는 가격이 없었다. 그는 가격을 물어보고 싶었다. 하지만 빵집 안에는 아무도 없었다. 대신 그는 표지판 하나를 발견했다.

QUESTION 1

정답: ③ / 해설: 글의 뒷부분에 있는 빵집에 아무도 없었다는 문장으로 보아, ③ 빵집에 점원이 없었다는 것이 이 글의 내용과 일치한다. ①과 ②의 내용은 언급되지 않았다.

QUESTION 2

정답: ② / 해설: 빵에 가격도 없고 점원도 없어서, 지미는 당황했을 것이다.

1형식 문장 분석

Ⓐ Jimmy / soon arrived / (at the bakery).
　S　　　V　　　　　　(수식어)
지미는　곧 도착했다　그 빵집에

Ⓑ He / looked around / (for some delicious bread).
　S　　V　　　　　　　(수식어)
그는　둘러봤다　몇몇 맛있는 빵을 위해서

READING 3

해석

"원하는 것을 가져가고 원하는 것을 지불하세요. 돈을 낼 수 없어도 걱정하지 마세요. 그것은 공짜입니다." 지미는 "신뢰의 상자"에 돈을 좀 넣었다. 그는 점원이 없는 이 이상한 빵집은 곧 문을 닫게 될 거라고 생각했다. 그는 그 빵집이 걱정스러웠다.

QUESTION 1

정답: ② / 해설: 빵집에는 가격도 붙어 있지 않고, 점원도 없다. 원하는 만큼 가져가고 원하는 만큼 지불하라는 표지판으로 보아, "trust box"의 용도는 ② '내고 싶은 만큼 빵 가격을 지불하는 곳'임을 알 수 있다.

QUESTION 2

정답: ③ / 해설: 지미가 빵집에 대해 걱정한 이유는 사람들이 돈을 안 내고 빵을 가져갈 수 있다고 생각했기 때문일 것이다.

1형식 문장 분석

Ⓐ You / can't pay.
　S　　V
당신은　지불할 수 없다

Ⓑ This strange bakery (with no clerks) / would close / (soon).
　　　　　　S　　　　　　　　　　V　　　　(수식어)
이 이상한 빵집은　(점원이 없는)　닫게 될 것이다　곧

Ⓒ He / worried / (about the bakery).
　S　　V　　　　(수식어)
그는　걱정했다　그 빵집에 대해서

READING 4

해석

며칠 후에, 그는 다시 그 빵집에 갔다. 그는 깜짝 놀랐다. 많은 사람들이 줄을 서 있었다. 그들은 그들의 빵을 위해 기다리고 있었다. 많은 사람들이 그들의 아이디어, 즉 "적당한 가격을 지불하고 동시에 가난한 사람들을 도와주세요."를 좋아했다.

정답: ① / 해설: 빵집에 다시 간 지미는 사람들이 빵을 사기 위해 줄을 서 있는 것을 보고 놀랐으므로, 지미가 놀란 이유는 ①이다.

QUESTION 2

정답: 사람들은 내고 싶은 만큼의 가격을 내고 빵을 사고, 가난한 사람들은 돈이 없어도 빵을 가져갈 수 있다는 아이디어를 좋아했기 때문이다. / 해설: 지미는 사람들이 돈을 내지 않고 빵을 가져가서 빵집이 망할 것이라고 생각했지만, 반대로 사람들은 빵도 사고 가난한 사람들도 도울 수 있다는 생각을 좋아했다.

1형식 문장 분석

Ⓐ He / went / (to the bakery) (again).
　　S　　V　　(수식어)　　(수식어)
　　그는　갔다　　그 빵집으로　　다시

Ⓑ A lot of people / were standing / (in line).
　　S　　　　　V　　　(수식어)
　　많은 사람들이　서 있었다　　줄을 서서

Ⓒ They / were waiting / (for their bread).
　　S　　　V　　　　　(수식어)
　　그들은　기다리고 있었다　그들의 빵을 위해

CHAPTER 2
2형식 문장

본문 p.52~57

UNIT 1　　　**2형식 기본 문장**
Creative or Messy?

SENTENCE DRILL

2형식 문장 분석 & 해석

❶ This / is / your English teacher.
　　S　　V　　C
　　이분은　~이다　너의 영어 선생님

❷ This / is / a neat room.
　　S　　V　　C
　　이것은　~이다　깔끔한 방

❸ They / are / promising youths.
　　S　　V　　C
　　그들은　~이다　전도유망한 젊은이들

❹ That / is not / a creative design.
　　S　　V　　C
　　저것은　~이 아니다　창의적인 디자인

❺ These / are / my own thoughts.
　　S　　V　　C
　　이것들은　~이다　나 자신의 생각들

❻ New York / is not / a messy place.
　　S　　V　　C
　　뉴욕은　~이 아니다　지저분한 장소

❼ It / can be / an interesting idea.
　　S　　V　　C
　　그것은　~이 될 수 있다　흥미로운 아이디어

READING 1

A 문장 분석

❶ This / is / my desk.
　　S　　V　　C
　　이것은　~이다　나의 책상

❷ It / is / a messy desk.
　　S　　V　　C
　　그것은　~이다　지저분한 책상

❺ A messy desk / can be / a good thing.
　　S　　　　V　　　C
　　지저분한 책상은　~일 수 있다　좋은 것

B 해석

이것은 나의 책상이다. 그것은 지저분한 책상이다. 나의 엄마는 항상 나에게 소리친다, "책상을 치워라!" 아마, 당신의 엄마도 그러실 것이다. 그들은 모두 깨끗한 책상을 좋아한다. 그러나 여기 좋은 소식이 있다. "지저분한 책상이 좋은 것이 될 수 있다."

QUESTION

정답: ② / 해설: 바로 다음 문장을 보면 알 수 있다. 지저분한 책상이 좋은 것일 수도 있다는 내용이 good news에 해당한다.

READING 2

A 문장 분석

❷ They / are / good students.
　　S　　V　　C
　　그들은　~이다　좋은 학생들

❹ A messy desk / can be / a sign.
　　S　　　　V　　　C
　　지저분한 책상은　~일 수 있다　신호

❺ You / are / a creative person.
　　S　　V　　C
　　당신은　~이다　창의적인 사람

B 해석

책상이 단정한 학생들은 보통 예의바르게 행동한다. 그들은 대개 좋은 학생들이다. 그러나 책상이 지저분한 학생들은 많은 흥미로운 아이디어를 가지고 있다. 그래서 지저분한 책상은 하나의 신호, "당신은 창의적인 사람이다."가 될 수 있다.

QUESTION

정답: ② / 해설: 책상의 상태와 성적 사이의 관계는 언급되지 않았다.

READING 3

A 문장 분석

❸ You / are / a promising student.
　　S　　V　　　C
　당신은 ~이다　전도유망한 학생

❹ You / can become / a great person.
　　S　　　V　　　　　　C
　당신은 ~이 될 수 있다　훌륭한 사람

❺ It / is not / a messy desk.
　S　　V　　　　C
　그것은 ~이 아니다　지저분한 책상

B 해석

당신이 창의적일 때, 당신은 당신 스스로의 생각에 집중한다. 그리고 당신은 책상을 치우는 것을 잊는다. 당신은 그저 전도유망한 학생인 것이다. 당신은 훌륭한 사람이 될 수 있다. 지금, 엄마에게 말해라, "이것은 지저분한 책상이 아니에요. 이것은 창의적인 책상이죠."

QUESTION

정답: ② / 해설: 책상이 지저분한 것은 '스스로의 생각에 집중하느라 책상 치우는 것을 잊어버려서'이다. 책상이 지저분해도 훌륭한 사람이 될 수 있다는 내용이므로, 이 글의 주제로 가장 적절한 것은 ②이다.

본문 p.58~63

UNIT 2　보어로 형용사가 나오는 2형식
Smart Utensils

SENTENCE DRILL

2형식 문장 분석 & 해석

❶ Your opinion / is / very important.
　　　S　　　　V　　　　C
　너의 의견은　~이다　매우 중요한

❷ She / seems / awesome.
　S　　　V　　　C
　그녀는　보인다　기막히게 멋진

❸ Your face / looks / swollen.
　　S　　　V　　　C
　너의 얼굴은　보인다　부어오른

❹ I / am / hungry and thirsty.
　S　V　　　　C
　나는 ~이다　배고프고 목마른

❺ The food / tasted / salty.
　　S　　　V　　　C
　그 음식은　맛이 난다　짠

❻ The total amount / was / 30 dollars.
　　　　S　　　　　V　　　C
　총액은　~였다　30달러

❼ The milk / went / bad.
　　S　　　V　　C
　그 우유는　되었다　상한

READING 1

A 문장 분석

❶ Salt / is / important.
　S　　V　　　C
　소금은 ~이다　중요한

❸ Food / is not / tasty.
　S　　V　　　C
　음식은 ~이지 않다　맛있는

❹ Food / easily goes / bad.
　S　　　V　　　　C
　음식은　쉽게 ~된다　상한

B 해석

소금은 우리 몸에 중요하다. 우리의 몸은 어느 정도 양의 소금을 필요로 한다. 또한, 소금 없이는, 음식이 맛있지 않다. 그리고 만약 우리가 소금을 넣지 않으면 음식은 쉽게 상한다. 그래서 우리는 우리의 음식 안에 소금을 넣는다.

QUESTION

정답: [이유1] 음식 맛을 내기 위해 / [이유2] 음식을 상하지 않게 하기 위해 / 해설: 우리가 음식에 소금을 넣는 이유는 음식을 맛있게 하고, 음식이 상하지 않게 하기 위해서이다. 지문의 세 번째 문장과 네 번째 문장이 답이 된다.

READING 2

A 문장 분석

❷ It / is / bad.
　S　V　　C
　그것은 ~이다　나쁜

❸ You / may feel / thirsty.
　S　　　V　　　C
　당신은　느낄 수 있다　목마른

④ Your body / becomes / swollen.
　　　S　　　　　V　　　　　C
　　당신의 몸은　　~된다　　　부어오른

B 해석

그러나, 조심해라. 만약 여러분이 너무 많은 소금을 먹는다면, 이것은
여러분의 건강에 나쁘다. 여러분은 목이 마르다고 느낄 수 있다. 그리고
당신의 몸은 부어오른다. 그래서, 우리는 어떻게 소금을 더 적게 먹을 수
있을까?

QUESTION

정답: ③ / 해설: 그 다음 문장을 해석하면, '소금을 너무 많이 섭취하면
건강에 나쁘다'고 나와 있다. ①은 언급되지 않은 내용이고, ②는 소금
을 많이 먹으면 갈증이 날 수 있다고 나와 있으므로 틀린 내용이다.

READING 3

A 문장 분석

① This 'electric fork' / seems / great.
　　　　　S　　　　　　　　V　　　　C
　　이 '전기 포크'는　　　　보인다　　훌륭한

③ The food / is / salty.
　　　　S　　　　V　　C
　　그 음식은　~이다　짠

⑤ We / can stay / healthy.
　　　S　　　V　　　　　C
　　우리는　머물 수 있다　　건강한

B 해석

이 '전기 포크'가 훌륭해 보인다. 그 똑똑한 포크는 여러분의 혀를 속인
다. 그것은 여러분이 음식이 짜다고 생각하도록 만든다. 그래서 우리는
소금 없이 짠 맛을 즐길 수 있다! 그리고 우리는 건강하게 지낼 수 있다.
이것이 멋지게 들리지 않는가?

QUESTION

정답: ① / 해설: '전기 포크'가 있으면, 소금 없이도 짠맛을 즐길 수 있다
고 하였으므로 ①이 옳다.

본문 p.64~69

UNIT 3　　수식어가 붙어 길어진 2형식
Unique Christmas

SENTENCE DRILL

2형식 문장 분석 & 해석

① Many people / are / familiar / (with the country).
　　　　S　　　　　　V　　　C　　　　　(수식어)
　　많은 사람들이　~이다　친숙한　　　그 나라에

② It / is / cold and rainy / (this afternoon).
　　S　　V　　　C　　　　　　　　(수식어)
　해석X　~이다　춥고 비가 내리는　　오늘 오후에

③ The small sleigh / is / mine, / (too).
　　　　S　　　　　　　V　　C　　　(수식어)
　　그 작은 썰매는　~이다　나의 것　또한

④ She / is / a famous movie star / (around the world).
　　S　　V　　　　C　　　　　　　　　　(수식어)
　그녀는　~이다　유명한 영화 스타　　　전 세계적으로

⑤ His opinion / is / opposite / (to theirs).
　　　S　　　　　　V　　　C　　　　(수식어)
　　그의 의견은　~이다　반대인　　그들의 것과

⑥ December / is / the last month / (of the year).
　　　S　　　　V　　　C　　　　　　　(수식어)
　　12월은　~이다　마지막 달　　　한 해의

⑦ The man (in the shorts) / looked / awkward / (for sure).
　　　　S　　　　　　　　　　V　　　　C　　　　(수식어)
　그 남자는　(반바지를 입은)　보였다　어색해　　확실히

READING 1

A 문장 분석

① December 25 / is / the most famous day / (around the world).
　　　　S　　　　　V　　　　C　　　　　　　　　(수식어)
　　12월 25일은　~이다　가장 유명한 날　　　전 세계에서

③ We / are / familiar / (with Santa Claus on a sleigh).
　　S　　V　　　C　　　　　(수식어)
　우리는　~이다　친숙한　　　썰매 위의 산타클로스에

B 해석

아마, 12월 25일은 전 세계를 통틀어 가장 유명한 날일 것이다. 여러분
모두가 알다시피, 그것은 크리스마스이다. 그리고 우리는 썰매 위의 산
타클로스에 익숙하다. 그러나 여러분은 서핑 보드 위의 산타클로스를
상상할 수 있는가? 그러니까 내 말은 진짜 해변에서의 진짜 서핑 보드
위의 산타 말이다.

QUESTION

정답: ③ / 해설: 서핑 보드 위의 산타클로스를 상상할 수 있겠냐는 내용
이므로, 이 뒤에는 특이한 산타클로스에 대한 내용이 이어질 것이다.
①은 '산타클로스', ②는 '크리스마스'로 글에 이미 언급되어 있다.

READING 2

A 문장 분석

② It / might be / awkward / (for you).
　　S　　　V　　　　C　　　　(수식어)
　그것은　~일지 모른다　어색한　여러분에게는

③ It / sounds / so unreal / (for children in Korea).
　　S　　V　　　C　　　　　　(수식어)
　그것은　들린다　너무 비현실적인　한국에 있는 어린이들에게는

4 This / is / true / (in some countries).
S   V   C   (수식어)
이것은 ~이다 진실인   몇몇 나라들에서는

B 해석

그는 해변에서 서핑한다. 그가 해변에 닿을 때, 그는 어린이들에게 선물을 준다. 그것은 여러분에게 어색할 수도 있다, 그렇지 않은가? 그리고 그것은 한국의 어린이들에게 매우 비현실적으로 들린다. 그러나 이것은 몇몇 나라에서 사실이다. 뉴질랜드에서, 여러분은 서핑 보드 위의 산타클로스를 볼 수 있다.

QUESTION

정답: 산타클로스가 해변에서 서핑을 하며 아이들에게 선물을 주러 오는 것 / 해설: 지문의 첫 번째와 두 번째 문장에 해당 내용이 나와 있다.

READING 3

A 문장 분석

1 It / is not / cold / (in New Zealand).
S   V   C   (수식어)
해석X ~이지 않다 추운   뉴질랜드에서는

3 The seasons / are / opposite / (to us).
S   V   C   (수식어)
계절은   ~이다   반대인   우리와는

B 해석

그러나 크리스마스에 서핑을 하기에는 너무 춥지 않을까? 사실, 뉴질랜드에서는 춥지 않다. 여러분은 왜인지 궁금할지 모른다. 그것(뉴질랜드)은 남반구에 있다. 그래서 계절이 우리와 반대이다. 이러한 이유 때문에, 그 나라에서 크리스마스는 여름에 있다. 그리고 여러분은 거기서 반바지를 입은 산타를 볼 수 있다.

QUESTION

정답: ① / 해설: 뉴질랜드는 남반구에 있어서, 우리와는 달리 크리스마스가 여름이라는 내용이다. 그래서 뉴질랜드의 크리스마스에는 여름옷을 입고 서핑을 하는 산타를 볼 수 있다. ①은 언급되어 있지 않다.

본문 p.70~75

UNIT 4   주어나 보어가 길어진 2형식
Mission Impossible

SENTENCE DRILL

2형식 문장 분석 & 해석

1 My goal / is / to become number one (in my team).
S   V   C   (수식어)
내 목표는 ~이다 최고가 되는 것 (나의 팀 내에서)

2 Watching a baseball game (at home) / is / more fun.
S   V   C
야구 경기를 보는 것이 (집에서)   ~이다 더 재미있는

3 Vegetarians / are / very much healthier / (than meat eaters).
S   V   C   (수식어)
채식주의자들은 ~이다 아주 훨씬 더 건강한   고기를 먹는 사람보다

4 One (of my dreams) / is / to raise a puppy (someday).
S   V   C
하나는 (내 꿈 중에)   ~이다 강아지를 키우는 것 (언젠가)

5 Eating more vegetables / is / good / (for the environment).
S   V   C   (수식어)
더 많은 채소를 먹는 것이   ~이다 좋은   환경에

6 Their challenge (of doing so) / seemed / impossible / (at first).
S   V   C   (수식어)
그들의 도전은 (그렇게 하는 것의)   보였다   불가능한   처음에는

7 Some (of the children) / are not / crazy / (about Chinese food).
S   V   C   (수식어)
몇몇은 (그 아이들 중)   ~이지 않다 열광하는 중국 음식에 대해

READING 1

A 문장 분석

2 Eating a hamburger (with a meat patty) / is / unthinkable.
S   V   C
햄버거를 먹는 것은 (고기 패티가 들어 있는)   ~이다 생각할 수 없는

3 Many (of them) / still go / crazy / (about hamburgers).
S   V   C   (수식어)
많은 이들이 (그들 중) 여전히 ~된다 열광하는   햄버거에 대해서

5 It / should taste / the same / (as a hamburger).
S   V   C   (수식어)
그것은 맛이 나야 한다   똑같은   햄버거처럼

B 해석

채식주의자들은 육류나 어류를 먹지 않는다. 그래서 고기 패티가 들어 있는 햄버거를 먹는 것은 상상할 수 없다. 그러나 그들 중 많은 사람들이 여전히 햄버거에 열광한다. 그들은 고기 패티가 없는 햄버거를 원한다. 하지만 그것은 햄버거와 똑같은 맛이 나야 한다.

QUESTION

정답: ② / 해설: 채식주의자들이 고기를 먹지 않지만 햄버거를 여전히 매우 좋아해서, 고기 없는 햄버거를 원한다고 했으므로 ②가 올바르다. 패티 없는 햄버거를 즐긴다는 내용은 제시되지 않았다.

READING 2

A 문장 분석

1 Making a meatless patty / sounds / almost impossible.
S   V   C
고기 없는 패티를 만드는 것은   들린다   거의 불가능한

③ Their plan / is / to use only vegetables.
　　　　S　　V　　　C
그들의 계획은　~이다　채소만을 이용하는 것

⑤ The meatless patty / tastes / more / (than just good).
　　　　S　　　　　　V　　　C　　(수식어)
그 고기 없는 패티는　맛이 난다　더 좋은　그냥 좋은 맛보다

B 해석

고기가 없는 패티를 만드는 것은 거의 불가능한 것처럼 들린다. 하지만 한 회사가 이것을 도전했다. 그들의 계획은 오직 채소들만 사용하는 것이다. 여러분은 이 패티를 즐기지[맛있게 먹지] 못할 거라고 생각할지도 모른다. 하지만 이 고기가 없는 패티는 그냥 맛있는 것 이상이다.

QUESTION

정답: ③ / 해설: meatless patty, 즉 고기 없는 패티를 만드는 것이 거의 불가능해 보인다는 내용이므로, ③이 정답이다.

READING 3

A 문장 분석

① A lot of people / became / a big fan (of this new burger).
　　　　S　　　　　V　　　　　C
많은 사람들이　되었다　열혈 팬이　(이 새로운 버거의)

② This burger with a meatless patty / is / good / (for your health).
　　　　　　S　　　　　　　　V　　C　　(수식어)
고기 패티가 없는 이 버거는　~이다　좋은　여러분의 건강에

⑤ Raising fewer animals / is / better / (for nature).
　　　　S　　　　　V　　C　　(수식어)
더 적은 동물을 기르는 것이　~이다　더 좋은　자연에

B 해석

많은 사람들이 이 새로운 버거의 열혈 팬이 되었다. 이 고기 없는 패티가 들어간 버거는 여러분의 건강에 좋다. 또한 사람들은 이것이 환경을 도울 수 있다고 말한다. 그들은 그것을 제안하고 있는데, 왜냐하면 더 적은 동물을 기르는 것이 자연에 더 좋기 때문이다.

QUESTION

정답: ①, ② / 해설: ① 건강에 좋고, ② 동물을 더 적게 기르면 자연에 더 좋다고 언급되어 있지만, ③ 멸종 동물을 보호한다는 내용은 언급되지 않았다.

본문 p.76~79

2형식 문장 종합 독해
Smart Uniform

READING 1

해석

당신의 선생님은 당신의 매일의 일과를 안다. 그리고 만약 당신이 수업 중에 잠이 든다면, 알람이 울린다. 이것들은 가능할 수 있는데, 왜냐하면 당신의 교복 안에 작은 컴퓨터 칩이 있기 때문이다. 이것이 소위 말하는 스마트 유니폼이다.

QUESTION 1

정답: ③ / 해설: 학생이 졸 때 알람이 울린다고 했지, 선생님이 특정한 때에 직접 알람을 울려서 학생에게 경고를 할 수 있다는 내용은 아니다.

QUESTION 2

정답: 교복 안에 컴퓨터 칩이 들어 있기 때문이다. / 해설: 선생님이 학생의 하루 일과를 알고, 수업 시간에 학생이 졸면 자동으로 알람이 울리는 것은 교복에 a little computer chip이 들어 있기 때문이다.

2형식 문장 분석

A You / fall / asleep / (in class).
　　　S　　V　　C　　(수식어)
당신은　빠졌다　잠든　수업에서

B These / can be / possible.
　　　S　　　V　　　C
이것들은　~일 수 있다　가능한

C It / is / the so-called smart uniform.
　　S　V　　　C
그것은　~이다　소위 말하는 스마트 유니폼

READING 2

해석

몇몇 부모님들과 선생님들은 그 유니폼에 찬성한다. 그들은 그들의 아이들을 계속 관찰할 수 있다. 그러면 그들은 그들의 아이들에 대해 안도하게 된다. 한 학생이 실종되었을 때, 그 유니폼이 그 학생의 정확한 위치를 그들에게 말해 줄 것이다.

QUESTION 1

정답: ①, ② / 해설: 부모님들과 선생님들이 smart uniform을 찬성하는 이유는 아이들을 지속적으로 관찰할 수 있고, 학생이 실종된 경우, 그 학생의 정확한 위치를 알 수 있기 때문이다. ③은 언급되지 않았다.

QUESTION 2

정답: ③ / 해설: 학생이 실종되었을 때, 부모님들과 선생님들에게 학생의 정확한 위치를 알려 준다고 했으므로 ③이 적절하다.

2형식 문장 분석

A They / feel / relieved / (about their kids).
　　　S　　V　　　C　　(수식어)
그들은　느낀다　안도하는　그들의 아이들에 대해서

B A student / is / missing.
　　　S　　V　　C
한 학생이　~이다　실종된

READING 3

해석

그러나 많은 학생들은 이 아이디어에 동의하지 않는다. 그들에게는, 그 아이디어를 받아들이는 것이 거의 불가능해 보인다. "누가 하루 24시간 감시 받는 것을 좋아할까요? 어린이들도 인권과 사생활이 있어요. 이것은 불공평해요."

QUESTION 1

정답: ③ / 해설: 많은 학생들이 스마트 유니폼에 찬성하지 이유는 24시간 하루 종일 감시되어 인권과 사생활을 존중받지 못한다는 것이므로 ③이 가장 적절하다.

QUESTION 2

정답: [요약] 어른들이 학생들을 24시간 감시하는 것은 학생들의 인권과 사생활을 침해하는 것이다. / 해설: 스마트 유니폼을 반대하는 학생들의 주장에 대한 요약문으로, 지문의 세 번째, 네 번째 문장에서 정답을 찾아볼 수 있다.

2형식 문장 분석

Ⓐ Accepting the idea / seems / almost impossible.
　　　　S　　　　　　　V　　　　　　C
그 아이디어를 받아들이는 것이 보인다　　　거의 불가능한

Ⓑ This / is / unfair.
　　S　　V　　C
이것은 ~이다 불공평한

READING 4

해석

당신의 부모님들과 선생님이 당신의 행방을 안다. 그들은 당신이 수업 동안 깨어 있지 않다는 것을 안다. 몇몇 학생들은 안전하다고 느낄 것이다. 다른 학생들은 이것이 불편하다고 생각할 것이다. 당신은 어떻게 생각하는가?

QUESTION 1

정답: ② / 해설: feel은 2형식 동사로, 뒤에 보어가 온다. 보어 자리에는 명사, 형용사만 가능하다. 그러므로 ⓑ feel의 보어로 부사 safely는 적절하지 않다. 형용사 safe로 고쳐야 옳다.

QUESTION 2

정답: [의견1] 안전하다고 느낀다. / [의견2] 불편하다고 생각한다. / 해설: 지문의 세 번째 문장, 네 번째 문장을 해석하면 학생들의 의견 2가지를 알 수 있다.

2형식 문장 분석

Ⓐ You / are not / awake / (during the class).
　　S　　　V　　　　C　　　　　(수식어)
너는　~이지 않다　깨어 있는　　수업 동안

Ⓑ It / would be / uncomfortable.
　　S　　　V　　　　　C
그것은　~일 것이다　불편한

CHAPTER 3
3형식 문장

본문 p.82~87

UNIT 1　　　　　3형식 기본 문장
Smart Parrots

SENTENCE DRILL

3형식 문장 분석 & 해석

❶ Intelligent people / passed / the test.
　　　　S　　　　　　　V　　　　　O
지능이 있는 사람들은　　통과했다　그 시험을

❷ She / revised / her plan.
　　S　　　V　　　　O
그녀는　수정했다　그녀의 계획을

❸ You / should follow / the rules.
　　S　　　V　　　　　　O
너는　　따라야 한다　　그 규칙들을

❹ They / have / the special belief.
　　S　　　V　　　　O
그들은　가지고 있다　특별한 믿음을

❺ His strange claim / surprised / us.
　　　　S　　　　　　　V　　　　O
그의 이상한 주장이　　놀라게 했다　우리를

❻ No one / can understand / another person.
　　S　　　　V　　　　　　　　O
아무도 아니다　이해할 수 있다　또 다른 사람을

❼ Primates / include / humans, monkeys, and apes.
　　S　　　　V　　　　　　　　O
영장류는　　포함한다　　인간, 원숭이, 유인원을

READING 1

A 문장 분석

❶ Some scientists / had / the belief.
　　　S　　　　　　　V　　　　O
몇몇 과학자들은　가지고 있었다　믿음을

③ They / made / a special test.
S　　V　　O
그들은　만들었다　특별한 시험을

⑤ An animal / helps / another animal.
S　　V　　O
동물은　돕는다　또 다른 동물을

B 해석

몇몇 과학자들은 믿음을 가지고 있었다. "오직 몇몇의 영장류들만이 다른 사람들(동물들)을 도와줄 만큼 충분히 지능이 있다." 그들은 증거를 필요로 했다. 그래서 그들은 한 특별한 테스트를 만들었다. 그 규칙은 간단했다. 만약 한 동물이 다른 동물을 돕는다면, 그 동물은 테스트를 통과한다.

QUESTION

정답: ③ / 해설: 일부 과학자들이 특별한 테스트를 만든 이유는, 일부 영장류만이 서로를 돕는 지능을 갖고 있다고 믿기에 그것을 증명하기 위해서이다.

READING 2

A 문장 분석

❶ Many different animals / took / this test.
S　　V　　O
많은 다양한 동물들이　치렀다　이 시험을

④ Chimps and gorillas / failed / the test.
S　　V　　O
침팬지들과 고릴라들은　실패했다　그 시험을

⑤ Most animals / didn't pass / the test.
S　　V　　O
대부분의 동물들은　통과하지 않았다　그 시험을

B 해석

많은 다른 동물들은 이 테스트를 치렀다. 당연히, 인간들은 이 테스트에서 성공했다. 그리고 오랑우탄들 또한 그들의 친구들이 곤경에 처했을 때 도움이 되었다. 그러나 침팬지들과 고릴라들은 테스트를 통과하지 못했다. 놀랍지 않게도, 대부분의 동물들은 이 테스트를 통과하지 못했다.

QUESTION

정답: ② / 해설: 영장류 중 오랑우탄은 시험을 통과했고, 침팬지와 고릴라가 실패했다.

READING 3

A 문장 분석

❶ Parrots / surprised / the scientists.
S　　V　　O
앵무새들이　놀라게 했다　그 과학자들을

④ The scientists / revised / their claim.
S　　V　　O
그 과학자들은　수정했다　그들의 주장을

⑤ A few primates AND some birds / have / the intelligence.
S　　V　　O
몇몇 영장류들 그리고 일부 조류들은　가지고 있다　지능을

B 해석

그러나, 앵무새들은 그 과학자들을 놀라게 했다. 그들은 테스트를 통과했다! 그들은 그들의 친구들이 곤경에 처해 있는 때를 이해했다. 그리고 그들은 기꺼이 도와주려고 했다. 그래서 그 과학자들은 그들의 주장을 수정했다. "몇몇 영장류 **그리고** 일부 조류는 (누군가를) 돕는 지능을 갖고 있다."

QUESTION

정답: ② / 해설: 영장류뿐만 아니라 앵무새도 친구를 돕는 지능을 가졌기에 ②가 적절하다.

본문 p.88~93

UNIT 2　목적어로 V-ing가 오는 3형식
Eco-Friendly Straws

SENTENCE DRILL

3형식 문장 분석 & 해석

❶ He / delayed / telling the news.
S　　V　　O
그는　미루었다　그 소식을 말하는 것을

❷ They / should stop / wasting time.
S　　V　　O
그들은　멈추어야 한다　시간을 낭비하는 것을

❸ Would / you / mind / using the materials?
의문문 조동사　S　　V　　O
~인가?　당신은　꺼리다　그 재료들을 사용하는 것을

❹ I / am considering / buying a new phone.
S　　V　　O
나는　고려하고 있다　새로운 전화기를 사는 것을

❺ Must / we / quit / eating fast food?
의문문 조동사　S　　V　　O
해야만 하는가?　우리는　그만두다　패스트푸드를 먹는 것을

❻ She / admitted / enjoying the trips.
S　　V　　O
그녀는　인정했다　그 여행을 즐겼다는 것을

❼ We / must avoid / wasting the resources.
S　　V　　O
우리는　피해야 한다　자원을 낭비하는 것을

READING 1

A 문장 분석

❶ Do / you / enjoy / living on this planet?
의문문 조동사　　S　　V　　　　　O
　　~한가?　　당신은　즐기다　　이 행성에 사는 것을

❷ We / must stop / harming the environment.
　S　　　V　　　　　　　O
우리는　멈추어야 한다　　　환경을 해치는 것을

❸ We / can't delay / saving it.
　S　　　V　　　　　O
우리는　미룰 수 없다　그것을 지키는 것을

B 해석

여러분은 이 행성에 사는 것을 즐기는가? 그러면, 우리는 환경을 해치는 것을 멈춰야 한다. 우리는 그것(지구)을 지키는 것을 하루라도 더 늦출 수 없다. 지구를 도울 몇몇 방법들이 있다. 여기서, 나는 여러분에게 간단한 방법 하나를 말해 줄 것이다. 그것은 단순하지만 효과적이다.

QUESTION

정답: ③ / 해설: 마지막 문장을 보면, 지구 환경을 지키는 단순하지만 효과적인 방법을 말해 주겠다고 했으므로 ③이 적절하다.

READING 2

A 문장 분석

❶ We / must admit / making too much plastic waste.
　S　　　V　　　　　　　O
우리는　인정해야만 한다　너무 많은 플라스틱 쓰레기를 만든다는 것을

❹ We / should avoid / making plastic waste.
　S　　　V　　　　　O
우리는　피해야 한다　　플라스틱 쓰레기를 만드는 것을

B 해석

우선, 우리는 너무 많은 플라스틱 쓰레기를 만들고 있다는 것을 인정해야만 한다. 우리 모두 알다시피, 이것은 환경에 매우 나쁘다. 그래서 우리는 플라스틱 쓰레기를 만드는 것을 피해야 한다. 어떻게? 플라스틱 빨대를 사용하지 않는 것은 좋은 시작이 될 수 있다.

QUESTION

정답: ③ / 해설: How?라는 질문에 대한 대답으로 플라스틱 빨대를 쓰지 않는 것이 좋은 시작이 될 수 있다고 했으므로 ③이 적절하다.

READING 3

A 문장 분석

❶ Can / we / quit / using all kinds of straws?
의문문 조동사　S　　V　　　　　O
할 수 있는가?　우리가　그만두다　모든 종류의 빨대를 사용하는 것을

❷ We / can consider / using eco-friendly straws.
　S　　　V　　　　　　O
우리는　고려할 수 있다　친환경 빨대를 사용하는 것을

❺ Do / you / mind / trying them?
의문문 조동사　S　　V　　　O
　~하는가?　당신은　꺼리다　그것들을 사용하기를

B 해석

우리가 모든 종류의 빨대들을 사용하는 것을 그만둘 수 있을까? 아니다, 우리는 (그렇게) 할 수 없다. 그러나 우리는 친환경적인 빨대들을 사용하는 것을 고려할 수 있다. 무해한 물질들의(무해한 물질들로 만들어진) 많은 빨대들이 있다. 커피 찌꺼기, 옥수수 전분, 쌀이 예시가 될 수 있다. 그것들을 시도해 보는 것을 꺼려하는가?

QUESTION

정답: ① / 해설: 친환경 빨대는 플라스틱이 아닌 커피 찌꺼기, 옥수수 전분, 쌀 등으로 만들 수 있다고 나와 있으므로 ①이 적절하다. ②와 ③은 이 글에서 언급되지 않았다.

본문 p.94~99
UNIT 3　목적어로 to+V가 오는 3형식
Clone

SENTENCE DRILL

3형식 문장 분석 & 해석

❶ The couple / decided / to watch the movie.
　　S　　　　V　　　　　O
그 커플은　　결정했다　　그 영화를 보기를

❷ We / love / to support children.
　S　　V　　　　　　O
우리는　사랑한다　아이들을 지원하는 것을

❸ She / did not choose / to accept his gift.
　S　　　V　　　　　　O
그녀는　선택하지 않았다　그의 선물을 받기를

❹ The scientists / are planning / to study the fossils.
　　S　　　　　V　　　　　　O
그 과학자들은　　계획하고 있다　　화석을 연구할 것을

❺ They / cannot continue / to clone animals.
　S　　　V　　　　　　O
그들은　계속할 수 없다　　동물을 복제하는 것을

❻ Some people / refuse / to go there.
　　S　　　　V　　　O
어떤 사람들은　거부한다　거기 가는 것을

❼ Children / wish / to learn (about extinct animals).
　　S　　　V　　　　O
아이들은　바란다　배우기를 (멸종 동물들에 대해)

A 문장 분석

① I / want / to see dinosaurs or mammoths.
　　S　　V　　　　　O
나는　원한다　　공룡이나 매머드를 보기를

③ Do / I / need / to travel (to the past)?
의문문 조동사　S　　V　　　O
~하는가?　나는　필요로 하다　여행하는 것을 (과거로)

④ Some scientists / are planning / to bring some extinct animals.
　　　S　　　　　　V　　　　　　　O
몇몇 과학자들은　　계획하고 있다　　몇몇 멸종된 동물들을 데려오는 것을

B 해석

나는 공룡이나 매머드를 보고 싶다. 그림 안에서가 아니라, 동물원 안에서. 그러면, 내가 과거로 여행을 해야 할까? 아니다, 왜냐하면 몇몇 과학자들은 일부 멸종된 동물들이 다시 살아나도록 하는 것을 계획하고 있기 때문이다. 그게 어떻게 가능할까?

QUESTION

정답: 과학자들은 공룡이나 매머드와 같은 <u>멸종된</u> 동물들을 <u>되살리려고</u> 한다. / 해설: '나'는 멸종된 동물들을 그림 말고 실제로 동물원에서 보고 싶어 한다. 그리고 과학자들이 그 동물들을 다시 부활시키는 것을 계획 중이라고 했다.

READING 2

A 문장 분석

② The scientists / hope / to clone them.
　　　S　　　　V　　　O
그 과학자들은　희망한다　그것들을 복제하기를

④ They / decided / to donate money.
　　S　　V　　　　O
그들은　결정했다　돈을 기부하기로

⑤ They / wish / to learn more.
　　S　　V　　　O
그들은　바란다　더 많은 것을 배우기를

B 해석

그것은 화석들로부터 나오는 그들(동물들)의 DNA 때문에 가능하다. 과학자들은 그들을 복제하기를 희망한다. 몇몇 사람들은 그들의 아이디어에 열광한다. 그래서 그들은 이 프로젝트를 위해 돈을 기부하기로 결심했다. 그들은 이 신비한 동물들에 대해 더 많이 배우기를 소원한다.

QUESTION

정답: ③ / 해설: 멸종 동물 복제를 좋아하는 사람들은 돈을 기부한다고 되어 있다. ① 화석에서 나오는 DNA 때문에 복제가 가능하다고 했고, ② 과학자들은 복제가 불가능하다고 생각하지 않을 것이다.

READING 3

A 문장 분석

① Others / refuse / to accept this idea.
　　S　　V　　　　O
다른 사람들은　거부한다　이 생각을 받아들이는 것을

③ They / chose / not to support this project.
　　S　　V　　　　O
그들은　선택했다　이 프로젝트를 지지하지 않는 것을

⑤ They / continue / to warn people.
　　S　　V　　　O
그들은　계속한다　사람들을 경고하는 것을

B 해석

그러나 다른 사람들은 이 생각을 받아들이기를 거절한다. 그들은 그 공룡들은 다른 동물들이나 심지어 사람들에게도 위험할 수 있다고 말한다. 그래서 그들은 이 프로젝트를 지지하지 않는 것을 선택했다. 그들은 더 나아가 사람들에게 이 문제에 대해 계속 경고한다.

QUESTION

정답: ② / 해설: 화석에서 나온 DNA로 복제된 공룡들이 다른 동물들이나 심지어 사람에게 위험할 수 있다고 했으므로 ②가 적절하다.

본문 p.100~105

UNIT 4　수식어가 붙어 길어진 3형식
Mummy Burgers

SENTENCE DRILL

3형식 문장 분석 & 해석

① The heavy snow / prevented / us / (from going out).
　　　S　　　　　V　　　O　　(수식어)
심한 폭설이　　막았다　우리를　외출하는 것으로부터

② I / forgot / seeing the man / (until now).
　S　V　　　O　　　　　(수식어)
나는　잊었다　그 남자를 본 것을　지금까지

③ She / finished / writing / (five minutes ago).
　S　　V　　　O　　　(수식어)
그녀는　끝냈다　쓰는 것을　5분 전에

④ They / bought / a new refrigerator / (last week).
　S　　V　　　O　　　　　(수식어)
그들은　샀다　새로운 냉장고를　지난주에

⑤ He / decided / to join the club / (with his friends).
　S　　V　　　O　　　　　(수식어)
그는　결정했다　그 동아리에 가입하기로　그의 친구들과 함께

⑥ These cookies / contain / no preservatives / (for your health).
　　S　　　　V　　　O　　　　　(수식어)
이 쿠키들은　함유한다　아무런 방부제도 없는　당신의 건강을 위해

⑦ We / expected / to see the result / (for the past decade).
　　S　　　V　　　　　　O　　　　　　　　(수식어)
우리는 　기대했다 　결과를 보기를 　　　지난 10년 동안

READING 1

A 문장 분석

① We / keep / the food / (in the refrigerator).
　　S　　V　　　O　　　　　　(수식어)
우리는 보관한다 음식을 　　냉장고 안에

⑤ You / will smell / it / (from anywhere in your house).
　　S　　　V　　　O　　　　　　(수식어)
당신은 냄새 맡을 것이다 그것을 　　당신의 집 안 어디에서든

B 해석

우리는 냉장고 안에 음식을 보관한다. 만약 그렇게 하지 않는다면, 음식은 며칠 안에 상한다. 그리고 더 며칠이 지나면, 썩은 음식 냄새가 집 곳곳에 퍼져 있을 것이다. 그것은 아주 안 좋은 냄새가 날 것이고, 당신은 당신의 집 안 어디서든지 그것을 냄새 맡게 될 것이다.

QUESTION

정답: ③ / 해설: 빈칸 앞은 우리가 음식을 냉장고에 넣는다는 내용이다. 빈칸 뒤의 음식이 며칠 안에 상하는 경우는 음식을 냉장고에 넣지 않았을 때이다. 그러므로 빈칸에는 '그렇지 않으면'의 ③ If not이 적절하다.

READING 2

A 문장 분석

① A man / bought / a hamburger / (in a fast food restaurant).
　　S　　　V　　　　O　　　　　　(수식어)
한 남자가 　샀다 　햄버거 하나를 　　패스트푸드 음식점에서

② He / put / it / (in a cabinet) / (to eat later).
　S　V　O　　(수식어)　　(수식어)
그는 두었다 그것을 보관함 안에 　나중에 먹으려고

⑤ He / didn't notice / the smell (of rotten food) / (for a decade)!
　S　　　V　　　　　O　　　　　　　　　(수식어)
그는 　눈치채지 못했다 　냄새를 (썩은 음식의) 　　10년 동안

B 해석

한 남자가 패스트푸드 음식점에서 햄버거 하나를 샀다. 그는 나중에 먹기 위해 그것을 보관함 안에 놓았다. 그러나 그는 10년 동안 그것에 대해 잊어버렸다!!! 이 10년 된 햄버거는 틀림없이 심하게 상했을 것이다. 하지만 그는 10년 동안 그 썩은 음식 냄새를 알아차리지 못했다!

QUESTION

정답: ① / 해설: 햄버거를 사서 보관함에 넣어 두고 10년 동안 잊고 있었다는 내용이기 때문에 ①이 옳다.

READING 3

A 문장 분석

③ Food makers / put / some preservatives / (in the food).
　　S　　　　V　　　　O　　　　　　(수식어)
음식 만드는 사람들은 넣는다 약간의 방부제들을 　　음식에

④ They / prevent / food / (from going rotten).
　S　　　V　　　O　　　　(수식어)
그것들은 막는다 음식을 　썩는 것으로부터

⑤ Preservatives / do / serious harm / (to us).
　　S　　　　V　　　　O　　　(수식어)
방부제들은 　미친다 심각한 피해를 우리에게

B 해석

그 이유는 놀라웠다. 그 햄버거는 전혀 썩지 않았다. 식품 제조 회사들은 대개 약간의 방부제들을 음식 안에 넣는다. 그것들은 음식이 썩는 것을 예방한다. 많은 사람들은 방부제가 우리에게 심각한 피해를 입힌다고 생각한다. 그래서 그들은 햄버거를 먹는 것에 대해 걱정한다.

QUESTION

정답: ① / 해설: ① 방부제가 음식을 썩지 않게 하는 이유에 대해서는 언급되지 않았다. ②의 이유는 음식이 썩는 것을 예방하기 위해서이고, ③의 이유는 방부제가 우리에게 해롭다고 생각해서이다.

본문 p.106~109

3형식 문장 종합 독해
Future Human

READING 1

해석

당신은 더 큰 눈에 더 키가 크고 더 날씬하기를 바라는가? 오늘날 많은 사람들은 그것을 부정하지 않을 것이다. 그러나 미래 인간들은 그와 똑같은 소망을 갖지 않을 것이다. 인간들은 1,000년 안에 그것과 똑같이 보일 것이다.

QUESTION 1

정답: People want to be taller and thinner with bigger eyes. / 해설: 오늘날 사람들이 되고 싶어 하는 모습으로, 첫 문장에서 제시한 것을 그대로 쓰면 된다.

QUESTION 2

정답: ③ / 해설: 미래의 인간은 눈이 더 크고 키가 더 크고 날씬할 것이라고 했으므로, ③이 정답이다. ① 미래의 인간은 지금의 우리가 소망하는 대로 외형을 갖출 것이기에 올바르지 않다. ② '가장 이상적인' 외모가 무엇인지는 글에 제시되지 않았다.

3형식 문장 분석

Ⓐ Do / you / want / to be taller and thinner (with bigger eyes)?
　조동사　S　　V　　　　　O
　하는가?　당신은　원한다　더 키가 크고 더 날씬한 것을　(더 커진 눈들과 함께)

Ⓑ Many people (today) / won't deny / it.
　　　S　　　　　　　　　　V　　　O
　많은 사람들은　(오늘날)　부정하지 않을 것이다　그것을

Ⓒ The future humans / won't have / the same wishes.
　　　S　　　　　　　　V　　　　　O
　미래 사람들은　　가지지 않을 것이다　그 똑같은 소망들을

READING 2

해석

사람들은 지구 온난화 때문에 바뀔 필요가 있을 것이다. 지구는 더 뜨거워질 것이다. 그러면, 인간은 시원하게 지내기 위해 키가 크고 날씬한 몸을 필요로 할 것이다. 아무도 땀을 많이 흘리길 원하지 않는다. 그래서 그들의 외모는 바뀔 것이다.

QUESTION 1

정답: ① / 해설: 지구가 점점 더 뜨거워질 것이어서, 그 환경에 맞게 사람들의 외모가 바뀐다는 내용이므로 ①이 정답이다. ② 많은 땀을 흘리는 것이 싫기 때문에 땀을 덜 흘리려고 외모가 변하는 것이다. ③ 키가 크고 날씬한 체형이 필요할 것이라고는 하였으나, 그렇지 않은 체형을 가진 사람들이 살아남지 못한다는 내용은 없다.

QUESTION 2

정답: ③ / 해설: want는 목적어로 to부정사를 취하는 동사이다.

3형식 문장 분석

Ⓐ People / will need / to change / (because of global warming).
　　S　　　V　　　　O　　　　　　(수식어)
　사람들은　필요로 할 것이다　변화하는 것을　지구 온난화 때문에

Ⓑ People / will need / tall and thin bodies / (to stay cool).
　　S　　　V　　　　O　　　　　　　　(수식어)
　사람들은　필요로 할 것이다　키가 크고 날씬한 몸들을　시원하게 지내기 위해

READING 3

해석

또한, 오존층은 더 얇아질 것이다. 더 얇아진 오존층은 해로운 태양의 방사선(예를 들어 자외선)이 더 많아짐을 의미한다. 그러면 사람들은 더 어두운 피부를 필요로 할 것인데, 왜냐하면 그것이 방사선으로부터 그들을 지켜 주기 때문일 것이다.

QUESTION 1

정답: ③ / 해설: 오존층이 더 얇으면, 더 많은 방사선이 들어온다고 했으므로 ③이 정답이다.

①과 ②의 내용은 언급되지 않았다.

QUESTION 2

정답: ③ / 해설: 피부색이 더 어두울수록 방사선으로부터 보호를 받는다고 했으므로 ③이 정답이다.

① 방사선과 피부색은 관계가 있고, ②는 이 글에서 알 수 있는 내용이 아니다.

3형식 문장 분석

Ⓐ The thinner ozone layer / means / more harmful radiation (of the sun).
　　S　　　　　　　　　V　　　O　　　　　　　　(수식어)
　더 얇아진 오존층은　의미한다　더 해로운 방사선을　(태양의)

Ⓑ People / will need / darker skin.
　　S　　　V　　　　O
　사람들은　필요로 할 것이다　더 어두운 피부를

Ⓒ It / will protect / them / (from the radiation).
　S　　V　　　　O　　　(수식어)
　그것은　보호할 것이다　그들을　그 방사선으로부터

READING 4

해석

게다가, 사람들은 더 어둡고 더 시원한 곳에서 사는 것을 선호할 것인데, 왜냐하면 그들은 이 방사선 아래에 머무는 것을 피할 것이기 때문이다. 그래서 그들은 더 크고 더 강한 눈을 필요로 할 것이다. 당신은 미래 인간들을 상상할 수 있는가?

QUESTION 1

정답: ① / 해설: 해로운 방사선을 피하기 위해 어둡고 시원한 공간을 찾게 된다고 했으므로 ①이 정답이다.

QUESTION 2

정답: 더 어둡고 시원한 곳에 살게 되기 때문이다. / 해설: 밑줄 친 부분의 원인은 첫 번째 문장에 나와 있다. 어둡고 시원한 곳에 살기 위해서, 눈동자가 더 커질 것이고, 그만큼 눈이 더 강해져야 할 것이다.

3형식 문장 분석

Ⓐ People / will prefer / to live (in darker and cooler places).
　　S　　　V　　　　O
　사람들은　선호할 것이다　사는 것을 (더 어둡고 더 시원한 곳 안에서)

Ⓑ They / will avoid / staying (under this radiation).
　S　　V　　　　O
　그들은　피할 것이다　머무는 것을 (이 방사선 아래에)

Ⓒ Can / you / imagine / future humans?
　조동사　S　　V　　　O
　~할 수 있는가?　당신은　상상하다　미래 인간들을

CHAPTER 4
4형식 문장

본문 p.112~117

UNIT 1　　　　　4형식 기본 문장
Power of Names

SENTENCE DRILL

4형식 문장 분석 & 해석

❶ His parents / made / him / some paper planes.
　　S　　　　V　　IO　　　DO
그의 부모님이　만들어 주었다　그에게　약간의 종이비행기를

❷ She / doesn't tell / us / lies.
　　S　　　V　　　　IO　DO
그녀는　말하지 않는다　우리에게　거짓말을

❸ The dentist / shows / me / the wrong way.
　　S　　　　V　　IO　　DO
그 치과 의사는　보여 준다　나에게　잘못된 방법을

❹ He / will ask / the physicist / some questions.
　S　　V　　　IO　　　　　DO
그는　물어볼 것이다　그 물리학자에게　몇몇 질문을

❺ We / must write / them / a lot of similar letters.
　S　　V　　　　IO　　DO
우리는　써야 한다　그들에게　많은 비슷한 편지들을

❻ The new lawyer / gave / others / great influence.
　　S　　　　V　　IO　　DO
그 새로운 변호사는　주었다　다른 사람들에게　막대한 영향을

❼ You / can offer / yourself / an interesting experience.
　S　　V　　　IO　　　DO
당신은　제공할 수 있다　당신 자신에게　흥미로운 경험을

READING 1

A 문장 분석

❶ Your parents / gave / you / a name.
　　S　　　　V　　IO　DO
당신의 부모님은　주었다　당신에게　하나의 이름을

❸ (You) / Ask / yourself / a question.
　(S)　　V　　IO　　DO
(주어 생략)　물어봐라　너 스스로에게　하나의 질문을

❹ I / will tell / you / something
　S　　V　　IO　　DO
나는　말해 줄 것이다　당신에게　무언가를

B 해석

당신의 부모님은 당신에게 이름을 주었다. 그리고 사람들은 당신을 그 이름으로 부른다. 이제, 당신 스스로에게 질문을 하나 해라. 이름이 오직 그 역할만 하는가? 음, 내가 당신에게 무언가를 말해 줄 것이다. 당신

의 이름은 당신에게 어떤 영향을 미친다.

QUESTION

정답: 사람들이 그 이름으로 당신을 부르는 것 / 해설: 부모님이 이름을 주시면 사람들은 그 이름으로 당신을 부르는데, '이름의 역할이 오직 그것일까?'라고 묻는 맥락이다.

READING 2

A 문장 분석

❶ I / will show / you / an interesting fact.
　S　　V　　　IO　　DO
나는　보여 줄 것이다　당신에게　한 흥미로운 사실을

❺ It / gives / people / some impression.
　S　　V　　IO　　DO
그것은　준다　사람들에게　어떤 인상을

B 해석

내가 당신에게 한 흥미로운 사실을 보여 줄 것이다. 많은 사람들은 '알버트'가 똑똑하다고 생각한다. 이것은 알버트 아인슈타인 때문이다. 그는 20세기의 가장 훌륭한 물리학자 중 한 명이다. 만약 무언가가 특정한 이름과 비슷하다면, 이것은 사람들에게 어떠한 인상을 준다.

QUESTION

정답: ② / 해설: 이름이 어떤 인상을 갖게 한다는 내용이므로 ②가 정답이다. ① 실제로 똑똑한 사람들이 많은지는 언급되지 않았다. ③도 언급되지 않은 내용이다.

READING 3

A 문장 분석

❶ I / can tell / you / more examples.
　S　　V　　IO　　DO
나는　말해 줄 수 있다　당신에게　더 많은 예시들을

❹ (You) / Make / yourself / a new name, Dennis.
　(S)　　V　　IO　　DO
(주어 생략)　만들어 줘라　너 스스로에게　한 새로운 이름 Dennis를

B 해석

나는 당신에게 더 많은 예시들을 말해 줄 수 있다. 많은 루이스들이 세인트 루이스에 산다. 그리고 많은 로렌스들이 변호사가 된다. 당신은 치과 의사가 되기를 원하는가? 그러면 당신 스스로에게 새 이름을 만들어 줘라, 데니스라고. 많은 치과 의사들이 '데니스'이다.

QUESTION

정답: ① / 해설: 루이스, 로렌스, 데니스의 예를 들며 이 이름을 가진 사람들이 실제로 비슷한 발음의 무언가와 관련되는 경우가 많다는 것을 보여 주려 하고 있다.

18

UNIT 2 4형식과 3형식 비교
Talking Animals

려동물이 보내는 '신호'를 뜻한다.

SENTENCE DRILL

4형식 문장 분석 & 해석

① The parrot / teaches / the children / how to mimic.
　　　 S　　　　 V　　　　　 IO　　　　　 DO
　　그 앵무새는　 가르쳐 준다　 그 아이들에게　 따라 하는 법을

② The parrot / teaches / how to mimic / (to the children). (3형식)
　　　 S　　　　 V　　　　 DO　　　　　 (수식어)
　　그 앵무새는　 가르쳐 준다　 따라 하는 법을　 그 아이들에게

③ My dad / bought / me / a new bike.
　　　 S　　　 V　　 IO　　 DO
　　나의 아빠는　 사 주셨다　 나에게　 새 자전거를

④ My dad / bought / a new bike / (for me). (3형식)
　　　 S　　　 V　　　 DO　　　 (수식어)
　　나의 아빠는　 사 주셨다　 새 자전거를　 나를 위해

⑤ She / will send / you / a text message.
　　 S　　 V　　　 IO　　 DO
　　그녀는　 보낼 것이다　 너에게　 문자 메시지 하나를

⑥ She / will send / a text message / (to you). (3형식)
　　 S　　 V　　　 DO　　　　 (수식어)
　　그녀는　 보낼 것이다　 문자 메시지 하나를　 (너에게)

⑦ This pink whale / may bring / people / some peace.
　　　 S　　　　　 V　　　 IO　　 DO
　　그 분홍 고래가　 가져올 수 있다　 사람들에게　 약간의 평화를

READING 1

A 문장 분석

① Your pet / is maybe sending / you / a sign.
　　 S　　　 V　　　　　　 IO　 DO
　　당신의 반려동물은　 보내고 있을지도 모른다　 당신에게　 하나의 신호를

⑤ (You) / Bring / me / a doctor.
　　 (S)　 V　 IO　 DO
　　　　 데려와라　 나에게　 의사를

B 해석

당신의 반려동물은 어쩌면 당신에게 한 신호를 보내고 있을지도 모른다. 아마 그것은 말하는 중일지 모른다, "나를 위해 의사를 데려와 주세요. 나는 아파요." 하지만 당신은 그것이 무엇인지 이해할 수 없는데, 왜냐하면 당신의 반려동물은 말을 할 수 없기 때문이다. 그것은 당신에게 신호를 보낼 수 있다. 하지만 그것은 "나에게 의사를 데려와 주세요."라고 말할 수는 없다.

QUESTION

정답: ② / 해설: ⓐ와 ⓒ는 둘 다 반려동물 자체를 가리키지만, ⓑ는 반

READING 2

A 문장 분석

② You / can teach / your parrot / many words.
　　 S　　 V　　　 IO　　　 DO
　　당신은　 가르칠 수 있다　 당신의 앵무새에게　 많은 단어들을

⑤ You / should buy / yourself / a parrot.
　　 S　　 V　　　 IO　　 DO
　　당신은　 사 주어야 한다　 당신 자신에게　 앵무새 한 마리를

B 해석

만약 당신이 말하는 동물을 원한다면, 당신 스스로에게 앵무새 한 마리를 사 줄 수 있다. 당신은 앵무새에게 많은 단어들을 가르칠 수 있다. 그것은 그것들을 외우고 말할 것이다. 당신은 또한 몇몇 문장들을 앵무새에게 가르칠 수 있다. 당신 자신에게 앵무새 한 마리를 사 주어야 한다. 그것은 재미있을 것이다. 다른 동물들도 우리처럼 말할 수 있을까?

QUESTION

정답: ② / 해설: 앵무새에게 단어와 문장을 가르칠 수는 있으나, 앵무새 스스로가 단어를 조합해 문장을 만들 수 있다는 내용은 지문에 제시되지 않았다.

READING 3

A 문장 분석

① A trainer / taught / a whale / some words.
　　 S　　　 V　　 IO　　 DO
　　한 훈련사가　 가르쳤다　 한 고래에게　 몇몇 단어들을

② She / showed / the whale / how to pronounce these words.
　　 S　　 V　　 IO　　　 DO
　　그녀는　 보여 줬다　 그 고래에게　 이런 단어들을 발음하는 방법을

B 해석

한 훈련사가 한 고래에게 몇몇 단어들을 가르쳤다. 그녀는 그 고래에게 이런 단어들을 발음하는 방법을 보여 주었다. 그 고래는 그녀를 완벽하게 따라 했다. 아마, 우리는 몇몇 동물들에게 단어들을 가르칠 수 있을 것이다. 만약 우리가 동물들에게 발음하는 방법을 반복해서 보여 준다면, 아마 그들은 언젠가 말할 수 있을 것이다. 믿거나 말거나!

QUESTION

정답: ③ / 해설: 고래의 예시를 들며 사람처럼 말하는 것을 성공시켰다고 했으므로 필자가 주장하는 바로는 ③이 가장 적절하다. ② 모든 동물이 그렇다고 주장하는 글은 아니다.

UNIT 3　수식어가 붙어 길어진 4형식
Special Birthday

들어 주신다고 했으므로, ③이 정답이다. ① 4년에 한 번 친구들에게 선물을 받는다고 했다. ② 필자의 생일은 매년이 아닌 4년에 한 번씩 돌아오고, 파티에 관한 언급은 되지 않았다.

SENTENCE DRILL

4형식 문장 분석 & 해석

❶ He / sends / his mom / some money / (from time to time).
　　S　　V　　IO　　　DO　　　　　(수식어)
　그는　보낸다　그의 엄마에게　약간의 돈을　　　　가끔

❷ His mother / gave / him / a birth / (in 2012).
　　　S　　　　V　　IO　　DO　　　(수식어)
　그의 엄마는　주었다　그에게　태어남을　2012년에

❸ I / will tell / them / my thoughts / (next week).
　S　　V　　　IO　　　DO　　　　(수식어)
　나는　말할 것이다　그들에게　내 생각을　다음 주에

❹ They / will grant / you / the money / (next year).
　　S　　　V　　　IO　　　DO　　　(수식어)
　그들은　승인할 것이다　너에게　그 돈을　내년에

❺ Her daughter / makes / her / coffee / (every morning).
　　　S　　　　V　　IO　　DO　　　(수식어)
　그녀의 딸은　만들어 준다　그녀에게　커피를　매일 아침

❻ We / wrote / the teacher / a special card / (once in a while).
　　S　　V　　　IO　　　　DO　　　　(수식어)
　우리는　썼다　그 선생님에게　특별한 카드를　가끔

❼ They / offered / us / words of comfort / (on that day).
　　S　　V　　IO　　　DO　　　　(수식어)
　그들은　제공했다　우리에게　위로의 말을　그날

READING 1

A 문장 분석

❶ My mom / makes / me / a birthday cake / (once in four years).
　　S　　V　　IO　　　DO　　　　(수식어)
　나의 엄마는　만들어 준다　나에게　생일 케이크를　4년에 한 번

❷ My friends / give / me / birthday presents / (once in four years).
　　S　　　V　　IO　　　DO　　　　(수식어)
　내 친구들은　준다　나에게　생일 선물을　4년에 한 번

❸ Some / ask / me / the reason (for that) / (from time to time).
　　S　　V　　IO　　　DO　　　　(수식어)
　몇몇은　묻는다　나에게　그 이유를 (그것에 대한)　가끔

B 해석

나의 어머니는 4년에 한 번씩 나에게 생일 케이크를 만들어 주신다. 나의 친구들은 나에게 4년에 한 번씩 생일 선물을 준다. 몇몇은 나에게 가끔 그것에 대한 이유를 묻는다. 그것은 나의 생일이 2월 29일이기 때문이다.

QUESTION

정답: ③ / 해설: 필자의 엄마는 4년에 한 번 필자에게 생일 케이크를 만

READING 2

A 문장 분석

❷ My parents / write / me / a letter (of apology) / (on my birthday).
　　S　　　V　　IO　　　DO　　　　(수식어)
　나의 부모님은　써 준다　나에게　한 편지를 (사과의)　내 생일에

❹ They / gave / me / a birth / (on that day).
　　S　　V　　IO　　DO　　　(수식어)
　그들은　주었다　나에게　태어남을　그날에

❺ My friends / also send / me / words (of comfort) / (every time).
　　S　　　V　　IO　　DO　　　　(수식어)
　나의 친구들은　또한 보내 준다　나에게　말들을 (위로의)　매번

B 해석

일반적으로, 2월은 28개의 날을 가진다. 그러나 매 4년마다, 그것(2월)은 29개의 날을 가진다. 나의 부모님은 내 생일에 나에게 사과의 편지를 써 주신다. 그분들은 미안해하시는데, 왜냐하면 그분들이 나에게 그날 생명을 주셨기 때문이다. 내 친구들 또한 나에게 매번 위로의 말들을 보내 준다.

QUESTION

정답: ③ / 해설: 친구들이 위로의 말을 보내 준다고는 하였으나, 그것에 대해 필자가 고마워한다는 내용은 나오지 않았으므로 ③이 언급되지 않은 내용이다.

READING 3

A 문장 분석

❶ I / tell / them / my thoughts / (about my birthday).
　S　V　　IO　　　DO　　　　(수식어)
　나는　말한다　그들에게　나의 생각을　내 생일에 대해

❷ The earth / grants / us / an extra day / (every once in four years).
　　S　　　V　　IO　　　DO　　　　(수식어)
　지구는　허락한다　우리에게　추가적인 하루를　매 4년마다 한 번씩

❸ It / is offering / us / a very special day / (once a while).
　S　　V　　IO　　　DO　　　　(수식어)
　그것은　제공하고 있다　우리에게　한 매우 특별한 날을　가끔

B 해석

그러나 매번, 나는 그들에게 내 생일에 대해 나의 생각들을 말해 준다. 나는 지구가 4년에 한 번씩 매번 추가의 날을 우리에게 허락해 준다고 생각한다. 그것(지구)은 우리에게 가끔 굉장히 특별한 날을 제공하고 있는 것이다. 그래서 나는 그 특별한 날에 태어난 것을 자랑스럽게 느낀다.

QUESTION

정답: ② / 해설: 필자가 그날 태어난 것에 대해 자랑스러워하는 이유는 ② '4년에 한 번 오는 특별한 날이어서'일 것이다. ①과 ③은 언급되지 않은 내용이다.

본문 p.130~135

UNIT 4 — 직접 목적어가 길어진 4형식
Stay Focused

SENTENCE DRILL
4형식 문장 분석 & 해석

❶ She / made / me / the pretty dress (with a ribbon).
　 S　　 V　　 IO　　　　 DO
　 그녀는 만들어 줬다 나에게 　그 예쁜 드레스를 (리본이 달린)

❷ The policeman / found / me / my lost red bag.
　　　 S　　　　　 V　　 IO　　　 DO
　 그 경찰관이 　찾아 주었다 나에게 나의 잃어버린 빨간색 가방을

❸ He / showed / them / how to release energy.
　 S　　 V　　 IO　　　　 DO
　 그는 보여 주었다 그들에게 　에너지를 방출하는 방법을

❹ She / told / me / that I should go see a doctor.
　 S　　 V　 IO　　　　 DO
　 그녀는 말했다 나에게 　내가 의사에게 가 봐야 한다고

❺ Paying attention / gives / us / the power (to make a decision).
　　　 S　　　　　 V　　 IO　　　 DO
　 주의를 기울이는 것은 준다 우리에게 　힘을 (결정을 내리는)

❻ She / asked / her brother / how to figure out the reason.
　 S　　 V　　　 IO　　　　　 DO
　 그녀는 물어 보았다 그녀의 오빠에게 　그 이유를 알아내는 방법을

❼ He / cooks / his kids / some food (with tomato sauce).
　 S　　 V　　 IO　　　 DO
　 그는 요리해 준다 그의 아이들에게 약간의 음식을 (토마토소스가 들어간)

READING 1
A 문장 분석

❶ Teachers / always tell / their students /
　　 S　　　　 V　　　　　 IO

　 선생님들은 　항상 말한다 그들의 학생들에게

　 that it is important to focus.
　　　　　　 DO
　 집중하는 것이 중요하다는 것을

❷ They / tell / their students /
　 S　　 V　　　 IO

　 그들은 말한다 그들의 학생들에게

　 that they shouldn't chat (during the class).
　　　　　　 DO
　 그들이 잡담하면 안 된다는 것을 (수업 중에)

❹ This / is giving / teachers / a serious headache.
　 S　　 V　　　 IO　　　 DO
　 이것이 주고 있다 선생님들에게 　심각한 두통을

B 해석

선생님들은 항상 그들의 학생들에게 집중하는 것이 중요하다고 말한다. 그들은 그들의 학생들에게 수업 시간 동안 잡담하지 말아야 한다고 말한다. 하지만 여전히, 모든 학생들을 통제하는 것은 거의 불가능해 보인다. 이것이 선생님들에게 심각한 두통을 주고 있다.

QUESTION

정답: ① / 해설: 선생님들은 학생들이 수업 시간에 떠드는 행동을 하는 것을 제지시키기 때문에, 수업 태도에 관해 지적한다고 볼 수 있다.

READING 2
A 문장 분석

❹ She / made / them / new desks (with bike pedals).
　 S　　 V　　 IO　　　 DO
　 그녀는 만들어 줬다 그들에게 새로운 책상들을 (자전거 페달이 달린)

❺ The students / asked / her / what to do (with them).
　　 S　　　　 V　　 IO　　　 DO
　 그 학생들은 　물었다 그녀에게 무엇을 해야 하는지 (그것들을 가지고)

B 해석

왜 학생들은 집중할 수 없는가? 한 선생님이 그 이유를 알아냈다. 그들은 단순히 너무 많은 에너지를 갖고 있었다. 그래서 그녀는 하나의 독특한 아이디어를 제시했다. 그녀는 그들에게 자전거 페달이 달린 새로운 책상들을 만들어 주었다. 단지 페달만 있을 뿐, 바퀴는 없다. 학생들은 그녀에게 그것들을 가지고 무엇을 해야 하는지 물었다.

QUESTION

정답: ② / 해설: 바퀴는 없고 페달만 있는 책상을 만들어 주었으므로 ② 가 정답이다.

READING 3
A 문장 분석

❶ She / told / them / that they should pedal their bike desks
　 S　　 V　 IO　　　　 DO
　 그녀는 말했다 그들에게 　그들이 자전거 책상의 페달을 밟아야 한다고

　 (during the class).
　　　 DO
　 (수업 중에)

❷ The desks / gave / them / a chance (to release their energy).
　 S　　　 V　　 IO　　　 DO
　 그 책상들은 주었다 그들에게 　기회를 (그들의 에너지를 방출할)

21

B 해석

그녀는 그들에게 그들이 수업 시간 동안 그들의 자전거 책상의 페달을 밟아야 한다고 말했다. 그 책상들은 그들에게 에너지를 방출하는 기회를 주었다. 결과적으로, 많은 학생들이 수업에 더 집중했다. 그리고 그것은 더 좋은 성적과 건강으로 이어졌다.

QUESTION

정답: ① / 해설: 페달이 달린 자전거는 학생들의 에너지를 방출할 기회를 주어, 수업에 더 집중할 수 있게 한다는 내용이므로, ①이 정답이다.

본문 p.136~139

4형식 문장 종합 독해
Dream Job

READING 1

해석

당신은 전 세계를 돌며 여행하고 맛있는 음식을 먹어 보기를 원한다. 하지만 당신은 시간과 돈 때문에 당신 스스로에게 (그런) 기회를 만들어 주지 못한다. 나는 당신에게 좋은 소식을 줄 것이다. 당신의 꿈이 공짜로 이뤄질 수 있다!

QUESTION 1

정답: ② / 해설: 시간과 돈이 부족해서 세계를 여행하며 맛있는 걸 먹고 싶어도 할 수 없다는 내용이 글의 앞부분에 나와 있으므로, ②에게 좋은 소식이 될 것이다.

QUESTION 2

정답: ③ / 해설: 시간과 돈이 없어 여행을 하지 못하는 이들에게 좋은 소식이 있다고 말했고, 당신의 꿈이 이뤄질 수 있다는 문장으로 끝났다. 때문에 이 글 다음에는 그 꿈을 이루는 방법이 나오는 것이 적절하다.

4형식 문장 분석

Ⓐ You / can't get / yourself / an opportunity /
S   V   IO   DO
당신은   줄 수 없다   당신 스스로에게   기회를

(because of time and money).
(수식어)
시간과 돈 때문에

Ⓑ I / will give / you / good news.
S   V   IO   DO
나는   줄 것이다   당신에게   좋은 소식을

READING 2

해석

한 영국의 회사는 당신에게 전 세계를 도는 공짜 여행을 제공한다. 그들은 또한 당신에게 당신의 여행을 위한 모든 것들에 대해 돈을 지불한다.

게다가, 그들은 심지어 당신에게 1년에 7천만 원 이상을 준다.

QUESTION 1

정답: ③ / 해설: 여행 경비의 일부가 아니라 전체를 지원해 준다고 되어 있다.

QUESTION 2

정답: ③ / 해설: '여행에 필요한 모든 돈을 지원해 준다'는 내용이 앞 문장에 나온다. 뒤 문장은 심지어 7천만 원 이상을 준다고 나와 있으므로 'Plus(게다가)'를 넣는 것이 가장 적절하다. So(그래서)와 But(그러나)은 글의 흐름상 어색하다.

4형식 문장 분석

Ⓐ A British company / offers / you /
S   V   IO
한 영국의 회사는   제공한다   당신에게

a free travel (around the world).
DO
무료 여행을   (전 세계를 도는)

Ⓑ They / also pay / you / the money /
S   V   IO   DO
그들은   또한 지급한다   당신에게   그 돈을

(for all the things for your trip).
(수식어)
당신의 여행을 위한 모든 것들을 위해

Ⓒ They / even give / you / more than 70 million won / (a year).
S   V   IO   DO   (수식어)
그들은   심지어 준다   당신에게   7천만 원 이상을   한 해에

READING 3

해석

이 회사는 사람들에게 채식주의 음식을 만들어 준다. 그들은 사람들에게 동물이 들어가지 않은 제품을 약속했다. 그래서 그들의 음식은 오직 과일, 채소, 곡물 그리고 콩만을 포함한다. 그들은 현재 채식주의자들에게 많은 종류의 제품들을 제공하고 있다.

QUESTION 1

정답: no animal product / 해설: 채식주의자 음식은 동물이 들어 있지 않은 제품과 같은 말이다.

QUESTION 2

정답: ② / 해설: 이 회사는 채식주의자들을 위한 음식을 만드는 회사이다. '치킨'은 육류이기 때문에 이 회사와 어울리지 않는다.

4형식 문장 분석

Ⓐ This company / makes / people / vegetarian food.
S   V   IO   DO
이 회사는   만들어 준다   사람들에게   채식주의 음식을

Ⓑ They / promised / people / no animal product.
S   V   IO   DO
그들은   약속했다   사람들에게   동물이 들어가지 않은 제품을

⊙ They / are now offering / vegetarians /
　　S　　　　　V　　　　　　　IO
그들은　　현재 제공하고 있다　　채식주의자들에게

many kinds of products.
　　　　DO
많은 종류의 제품을

READING 4

해석

지금 이 회사는 시식가를 찾고 있다. 그리고 그들은 한 가지를 원한다. "세계 속 채식주의자 음식을 드시고 그것이 어떤 맛이 났는지 우리에게 말해 주세요." 그 시식가들은 반드시 그들에게 월례 보고서를 보내야 한다. 그들은 그 시식가들이 그들에게 새로운 요리법을 찾아 줄 수 있기를 소망한다.

QUESTION 1

정답: ② / 해설: 전 세계를 돌아다니는 시식가들을 통해 새로운 요리법을 찾을 수 있기를 바란다는 내용이므로 ②가 적절하다.

QUESTION 2

정답: ③ / 해설: 회사가 시식가들에게 바라는 것은 세계의 채식주의 음식을 먹고, 매월 보고서를 보내는 것이다. 육식과 채식의 분석이 필요하다는 내용은 언급되지 않았다.

4형식 문장 분석

Ⓐ (You) / Tell / us / how it tasted.
　　(S)　　V　　IO　　　DO
　　　　　말해 줘라 우리에게 그것이 어떤 맛이 났는지

Ⓑ The tasters / must send / them / a monthly report.
　　　S　　　　　V　　　　　IO　　　　DO
그 시식가들은 반드시 보내야 한다 그들에게　월례 보고서를

Ⓒ The tasters / can find / them / a new recipe.
　　　S　　　　　V　　　　IO　　　　DO
그 시식가들은 찾아줄 수 있다 그들에게　새로운 레시피를

CHAPTER 5
5형식 문장

본문 p.142~147

UNIT 1　　5형식 기본 문장
Yawn

5형식 문장 분석 & 해석

❶ The chef / always keeps / the knives / sharp.
　　　S　　　　　V　　　　　　　O　　　　OC
그 요리사는　　항상 유지한다　　그 칼들을　　날카롭게

❷ (You) Leave / me / alone.
　　(S)　　V　　O　　OC
　　　놔둬라　나를　혼자

❸ We / call / our cat / 'Sweety'.
　　S　　V　　　O　　　　OC
우리는 부른다 우리 고양이를 '스위티'라고

❹ They / found / his words / false.
　　S　　　V　　　　O　　　　OC
그들은　발견했다　그의 말이　거짓인

❺ Breathing deeply / makes / you / peaceful.
　　　　S　　　　　　V　　　O　　　OC
숨을 깊이 쉬는 것이　만든다 당신을　평화스러운

❻ We / named / the species / 'Tyrannosaurus'.
　　S　　　V　　　　O　　　　　OC
우리는 이름 지었다　그 종을　'티라노사우루스'라고

❼ I / think / this situation / stupid.
　　S　　V　　　　O　　　　OC
나는 생각한다 이 상황을　어리석다고

READING 1

A 문장 분석

❸ We / call / this / yawn.
　　S　　V　　O　　OC
우리는 부른다 이것을 하품이라고

❹ The work / drives / me / crazy.
　　　S　　　V　　　O　　OC
그 일은　이끈다　나를 미치게

❺ It / keeps / me / awake.
　　S　　V　　O　　OC
그것은 유지시킨다 나를　깨어 있게

B 해석

우리는 졸리거나 피곤할 때, 종종 숨을 깊게 들이쉬고 내쉰다. 우리는 이것을 하품이라고 부른다. 그것은 뇌에서 오는 신호인가? "그 일이 나를 미치게 해. 이것은 나를 하루 종일 깨어 있게 해. 나는 휴식이 좀 필요해! 나를 혼자 내버려두라고!"

QUESTION

정답: breathe in and out deeply / 해설: 졸리거나 피곤할 때, 종종 숨을 깊게 들이쉬고 내쉬는데, 그걸 하품이라고 부른다고 했다.

READING 2

A 문장 분석

❷ Yawning / keeps / your brain / healthy.
　　S　　　　V　　　　O　　　　OC
　하품하는 것은　유지시킨다　너의 뇌를　건강하게

❹ You / might think / it / stupid.
　S　　　V　　　　　O　　OC
　너는　생각할지도 모른다 그것을 어리석다고

B 해석

이럴 수도, 아닐 수도 있다. 하지만 한 가지는 확실하다. 하품하는 것은 당신의 뇌를 건강하게 유지시킨다. 그것은 당신이 하품할 때 당신의 뇌가 식기 때문이다. 그리고 이것은 당신의 뇌가 클수록, 당신은 더 긴 하품이 필요하다는 것을 의미한다. 당신은 이것을 어리석다고 생각할지도 모른다. 하지만 이것은 농담이 아니다.

QUESTION

정답: ① / 해설: 하품을 하면 뇌가 식혀지고, 뇌가 클수록 하품의 길이가 길어진다는 내용이다. 그러므로 뇌의 온도가 낮으면 하품의 길이가 길어진다는 ①이 일치하지 않는 내용이다.

READING 3

A 문장 분석

❷ They / named / this research / "Big Yawning Project".
　S　　　V　　　　O　　　　　　OC
　그들은　이름 붙였다　이 연구를　　"큰 하품 프로젝트"라고

❸ They / found / it / true.
　S　　　V　　O　　OC
　그들은　발견했다 그것을 사실이라고

❹ This result / can make / some long yawners / relieved.
　　S　　　　V　　　　O　　　　　　OC
　이 결과는　만들 수 있다　몇몇 긴 하품하는 사람들을　안도하도록

B 해석

과학자들은 24종의 하품하는 동물들을 연구했다. 그들은 이 연구를 "큰 하품 프로젝트"라고 이름 지었다. 그들은 그것이 사실이라고 밝혔다. 이 결과는 길게 하품하는 몇몇 사람들이 안도하게 만들 수 있다. 당신은 길게 하품하는 사람인가? 걱정하지 마라, 왜냐하면 당신은 그저 큰 뇌를 가지고 있는 것이기 때문이다.

QUESTION

정답: ② / 해설: 이 프로젝트의 결과가 길게 하품하는 사람을 안도시

컸다. 길게 하품한다는 것은 단지 큰 뇌를 가졌기 때문이라는 것을 밝혀낸 것이 이 프로젝트이기 때문에 ②가 적절하다.

본문 p.148~153

UNIT 2 목적격 보어가 to부정사인 5형식
Asteroid

5형식 문장 분석 & 해석

❶ We / wish / you / to have a great experience.
　S　　V　　O　　　　OC
　우리는 바란다 당신이　　멋진 경험을 하기를

❷ The teacher / asked / me / to pass out the books.
　　S　　　　V　　O　　　　OC
　그 선생님은　부탁하셨다 나에게　그 책들을 나누어 주라고

❸ This / will lead / many people / to change their habits.
　S　　　V　　　　O　　　　　　OC
　이것은　이끌 것이다　많은 사람들을　그들의 습관을 바꾸도록

❹ They / want / the extinct animals / to come back.
　S　　V　　　O　　　　　　OC
　그들은 원한다　그 멸종 동물들이　다시 돌아오기를

❺ Severe weather / caused / them / to go back.
　　S　　　　V　　O　　　OC
　극심한 날씨가　초래했다 그들이 돌아가도록

❻ Her parents / won't allow / her / to go out.
　　S　　　　V　　　　O　　　OC
　그녀의 부모님은 허락하지 않을 것이다 그녀가 외출하는 것을

❼ They / expected / the asteroid / to pass by.
　S　　　V　　　　O　　　　OC
　그들은 기대했다　그 소행성이　지나가기를

READING 1

A 문장 분석

❸ Something / causes / them / to escape from there.
　　S　　　V　　O　　　OC
　무언가가　야기한다 그들이　거기로부터 탈출하도록

❹ We / just don't want / them / to head to the earth.
　S　　　V　　　　O　　　OC
　우리는 그저 원하지 않을 뿐이다 그것들이 지구로 향하는 것을

B 해석

소행성은 우주 안에 있는 돌들이다. 수십억 개가 있는데, 대부분 화성과 목성 사이에 있다. 그러나 무언가가 그들이 그곳으로부터 탈출해서 날아가 버리게 한다. 우리는 그저 그것들이 지구로 향하지 않기를 원할 뿐이다.

QUESTION

정답: ③ / 해설: 소행성들이 가끔 위치에서 이탈하기도 한다고 했으나, 그 이유는 언급되지 않았다. ① 대부분의 소행성들은 화성과 목성 사이에 있다. ② 소행성은 우주 안에 있는 돌들이며, 수십억 개가 있다.

READING 2

A 문장 분석

③ No one / expected / it / to come this close to the earth.
　　S　　　　V　　　O　　　　　　　　OC
아무도 ~ 아니다 예상했다 그것이　　지구에 이렇게 가까이 올 것이라고는

④ Everyone / wished / it / not to hit us.
　　S　　　　V　　　O　　　OC
모두가　　소망했다 그것이 우리를 치지 않기를

B 해석

몇 년 전에 한 작은 소행성이 우리의 행성을 향해 날아왔다. 그것은 약 20미터 길이였다. 아무도 그것이 그렇게 지구 가까이 올 것이라고 예상하지 못했다. 모든 이들은 그것이 우리와 부딪치지 않기를 소망했다. 다행스럽게도, 그것은 지구를 살짝 비껴갔다.

QUESTION

정답: ② / 해설: 모두가 그 소행성이 우리와 부딪치기 않길 소망했다는 내용으로 보아, 소행성이 지구로 날아오고 있다는 것을 모두가 알고 있었다고 볼 수 있다.

READING 3

A 문장 분석

② A large asteroid / led / the dinosaurs / to go extinct.
　　S　　　　　　　V　　　　O　　　　　　OC
한 거대한 소행성이　이끌었다　공룡들이　　　멸종되는 것을

③ Even a small one / can cause / the world /
　　S　　　　　　　V　　　　　O
심지어 작은 하나도　야기할 수 있다　세상이

to experience huge damage.
　　　OC
거대한 손상을 경험하는 것을

B 해석

큰 소행성은 지구에 심각한 피해를 입힐 것이다. 많은 과학자들은 한 개의 큰 소행성이 공룡들을 멸종되게 이끌었다고 믿는다. 하지만 심지어 작은 것 하나도 세계가 막대한 손상을 경험하게 할 수 있다. 그게 우리 행성을 그냥 지나갔다니, 감사합니다, 하나님.

QUESTION

정답: ① / 해설: 소행성이 지구에 충돌해서 공룡을 멸종시켰다고 하면서, 아주 작은 소행성과의 충돌도 막대한 피해를 끼칠 수 있다고 주장하는 내용이다.

본문 p.154~159

UNIT 3　목적격 보어가 원형부정사인 5형식
Hug Often

5형식 문장 분석 & 해석

❶ I / will let / you / know.
　S　　V　　　O　　OC
나는 ~하게 할 것이다 당신이　알도록

❷ They / heard / some dogs / bark.
　　S　　　V　　　O　　　OC
그들은　들었다　몇몇 개들이　짖는 것을

❸ She / had / the two sisters / hug each other.
　　S　　V　　　O　　　　　　　OC
그녀는 시켰다　그 두 자매가　　서로 껴안도록

❹ They / noticed / the guests / feel comfortable.
　　S　　　V　　　O　　　　OC
그들은　알아챘다　그 손님들이　편안하게 느낀다는 것을

❺ We / watched / them / get rid of wastes.
　S　　　V　　　O　　　OC
우리는　보았다　그들이　쓰레기를 치우는 것을

❻ This / will help / people / not hesitate.
　S　　　V　　　O　　　OC
이것이 도움이 될 것이다 사람들이　주저하지 않도록

❼ The doctor / made / the patient / take medicine.
　　S　　　V　　　O　　　　OC
그 의사는　만들었다　그 환자가　　약을 먹게끔

READING 1

A 문장 분석

② Hugging / lets / us / share our emotions.
　　S　　　V　　O　　OC
포옹하는 것은 ~하게 한다 우리가 우리의 감정들을 공유하는 것을

③ It / helps / us / express our feelings.
　S　　V　　O　　OC
그것은 도와준다 우리가 우리의 감정들을 표현하는 것을

④ It / makes / us / feel comfortable.
　S　　V　　O　　OC
그것은 만든다 우리가 편안하게 느끼도록

B 해석

우리가 슬프거나 기쁠 때, 우리는 종종 서로 포옹한다. 포옹하는 것은 우리가 우리의 감정을 공유하게 한다. 그것은 우리가 우리의 감정을 표현하게 돕는다. 그리고 그것은 우리가 편안하게 느끼게 만든다. 하지만 그 이점들은 거기서 끝나지 않는다.

QUESTION

정답: ③ / 해설: 포옹의 이점들이 여기서 끝나지 않는다고 했으므로, 추가적인 이점들을 더 설명하는 내용이 이어지는 것이 가장 적절하다.

READING 2

A 문장 분석

① Hugging / helps / us / stay healthy.
  S / V / O / OC
  포옹하는 것은 돕는다 우리가 건강하게 지내는 것을

③ The chemicals / help / our body / get less sick
  S / V / O / OC
  그 화학물질들은 돕는다 우리의 몸이 덜 아프게 되는 것을

④ They / also help / us / get better sooner.
  S / V / O / OC
  그것들은 또한 돕는다 우리가 더 빨리 더 나아지도록

B 해석

포옹하는 것은 우리가 건강하게 유지하도록 돕는다. 우리가 포옹할 때 우리의 몸은 몇몇 화학 물질들을 만들어 낸다. 그리고 그 화학 물질들은 우리의 몸이 덜 아프도록 돕는다. 그리고 그것들은 또한 우리가 아플 때 우리가 더 빠르게 더 회복되게 돕는다.

QUESTION

정답: [작용1] 우리 몸이 덜 아프게 한다. / [작용2] 병을 더 빨리 낫게 한다. / 해설: 포옹을 하면 화학 물질이 만들어지는데, 그 화학 물질은 몸이 덜 아프게 하고, 아파도 빠르게 회복하게 한다고 되어 있다.

READING 3

A 문장 분석

① We / can feel / our mind / become calm.
  S / V / O / OC
  우리는 느낄 수 있다 우리 마음이 차분해지는 것을

② We / can notice / our body / relax.
  S / V / O / OC
  우리는 알아챌 수 있다 우리 몸이 긴장을 푸는 것을

③ Hugging / helps / us / get rid of all the anger.
  S / V / O / OC
  포옹하는 것은 돕는다 우리가 모든 화를 없애는 것을

B 해석

또한, 우리가 포옹할 때, 우리는 우리의 마음이 차분해지는 것을 느낄 수 있다. 그리고 우리는 우리의 몸이 긴장을 푸는 것을 알아차릴 수 있다. 포옹하는 것은 우리가 모든 화를 없애도록 돕는다. 포옹하는 것은 정말 좋은 약이라고 말할 수 있다. 그러니 주저하지 말고 포옹하라.

QUESTION

정답: ② / 해설: 포옹하는 것이 정말 좋은 약이라는 것은 포옹이 마음을 차분하게 하고, 긴장을 풀게 해 주고, 화를 없애 주기 때문이다. 긴장이 풀리는 것을 막는 것과는 정반대이다.

UNIT 4 목적격 보어가 V-ing인 5형식
To Return Or Not

5형식 문장 분석 & 해석

① You / will see / him / smiling.
  S / V / O / OC
  당신은 볼 것이다 그가 미소 짓고 있는 것을

② I / watched / him / hesitating.
  S / V / O / OC
  나는 보았다 그가 망설이고 있는 것을

③ He / might hear / the girl / screaming.
  S / V / O / OC
  그는 들을지도 모른다 그 소녀가 비명을 지르고 있는 것을

④ I / noticed / her / returning the wallet.
  S / V / O / OC
  나는 알아챘다 그녀가 지갑을 돌려주고 있는 것을

⑤ They / smelled / something / burning.
  S / V / O / OC
  그들은 냄새 맡았다 무언가 타고 있는 것을

⑥ She / suddenly found / herself / running.
  S / V / O / OC
  그녀는 갑자기 발견했다 그녀 자신이 달리고 있는 것을

⑦ His friends / witnessed / him / stealing.
  S / V / O / OC
  그의 친구들은 목격했다 그가 훔치고 있는 것을

READING 1

A 문장 분석

① You / see / someone / dropping a wallet.
  S / V / O / OC
  당신은 본다 누군가가 지갑을 떨어뜨리고 있는 것을

③ No one / notices / you / picking up the wallet.
  S / V / O / OC
  아무도 ~ 아니다 알아챈다 당신이 그 지갑을 줍고 있는 것을

B 해석

당신은 누군가가 지갑을 떨어뜨리는 것을 본다. 당신은 그가 그것을 주울 것이라고 생각한다. 그러나 그는 그냥 떠나 버린다. 아무도 당신이 지갑을 줍는 것을 알아채지 못한다. 지갑 안에는, 5천원이 있다. 당신은 이것을 주인에게 돌려주겠는가? 혹은 당신은 그것을 가질 것인가?

QUESTION

정답: ③ / 해설: 누군가가 지갑을 떨어뜨리고, 당신이 그것을 주운 상황이 묘사되고 있다.

READING 2

A 문장 분석

③ You / might find / yourself / hesitating to answer.
　　S　　　V　　　O　　　　OC
당신은　발견할지도 모른다　당신 스스로가　대답하기를 망설이고 있는 것을

④ You / might hear / your brain / screaming
　　S　　　V　　　　O　　　　OC
당신은　들을지도 모른다　당신의 뇌가　소리치고 있는 것을

"What should I do?"
　　　　OC
"내가 어떻게 해야 하지?"라고

B 해석

그 안에 10만원이 든 지갑은 어떤가? 당신은 그것을 돌려줄 것인가 아니면 가지고 있을 것인가? 당신은 당신 스스로가 대답하기를 망설이고 있는 것을 발견할지도 모른다. 그리고 당신은 당신의 뇌가 소리치는 것을 들을지도 모른다. "난 무엇을 해야 하지?"

QUESTION

정답: ② / 해설: 지갑을 주인에게 돌려줄지 가질지를 고민하고 갈등하는 내용이므로 ②가 적절하다.

READING 3

A 문장 분석

❶ We / see / fewer people / trying to find the owners.
　　S　　V　　　O　　　　OC
우리는　본다　더 적은 사람들이　그 주인을 찾으려고 노력하고 있는 것을

❸ We / witness / more people / returning the fat wallets.
　　S　　　V　　　O　　　　OC
우리는　목격한다　더 많은 사람들이　두둑한 지갑들을 돌려주고 있는 것을

B 해석

놀랍게도, 지갑에 돈이 적거나 없다면, 더 적은 사람들이 그 주인을 찾으려고 노력한다는 것을 우리는 볼 수 있다. 그리고 더 많은 사람들이 두둑한 지갑은 돌려주는 것을 우리는 목격할 수 있다. 이것은 왜냐하면 그들이 큰돈을 돌려주지 않는 것에 대해 죄책감을 느끼기 때문이다.

QUESTION

정답: ③ / 해설: 주운 지갑에 돈이 없거나 적을 때, 사람들은 그 지갑을 가져도 가책을 느끼지 않아서 주인을 찾아 주지 않는 경우가 많고, 반대로 지갑에 돈이 많을 때는 양심의 가책을 느껴서 주인을 찾아 주는 경우가 많다는 내용이다.

READING 1

해석

어린이들뿐만 아니라 어른들도 슈퍼히어로 영화들을 즐긴다. 그것들은 보기에 재밌다. 그리고 그것들은 우리를 행복하게 만든다. 그것들은 또한 우리가 스트레스를 완화하도록 돕는다. 그것뿐만 아니라, 의사들에 따르면, 그것들은 또한 우리가 건강하게 지내는 데 도움이 된다.

QUESTION 1

정답: [이유1] 보는 것이 재미있어서 / [이유2] 보는 사람을 행복하게 해서 / [이유3] 스트레스를 풀 수 있어서 / 해설: 슈퍼히어로 영화는 재미있고, 보면 행복하고, 스트레스도 풀 수 있어서 많은 사람들이 본다는 내용이다.

QUESTION 2

정답: ① / 해설: 마지막 문장이 의사들에 따르면, 슈퍼히어로 영화는 우리를 건강하게 한다는 것이므로, 이 다음에는 슈퍼히어로 영화가 주는 건강상의 도움에 관한 내용이 나올 것이다.

5형식 문장 분석

A They / made / us / happy.
　　　S　　V　　O　　OC
　　그들은　만든다　우리를　행복하게

B They / help / us / relieve stress.
　　　S　　V　　O　　OC
　　그들은　돕는다　우리가　스트레스를 완화하도록

C They / also help / us / stay healthy.
　　　S　　　V　　O　　OC
　　그들은　또한 돕는다　우리가　건강하게 지내도록

READING 2

해석

몇몇 사람들은 높이나 거미 같은 곤충들을 두려워한다. 그러면 우리는 그들에게 '슈퍼맨'과 '스파이더맨' 같은 영화를 보라고 조언할 수 있다. 이것은 그들이 그들의 어려움을 극복하게 만들 수 있다. 그 영화는 그들이 과거의 불쾌한 기억들을 지우도록 도울 수 있다.

QUESTION 1

정답: ③ / 해설: 과거의 기억을 불러일으키는 것이 아니라, 과거의 불쾌한 기억을 지울 수 있도록 돕는다는 내용이므로 ③이 일치하지 않는다.

QUESTION 2

정답: Some people fear heights or insects / 해설: 그들의 어려움이란, 첫 문장에 제시된 사람들이 높이나 곤충을 두려워하는 것이다.

Ⓐ We / can advise / them / to watch movies.
　　S　　V　　　　O　　　　OC
우리는　조언할 수 있다　그들이　　영화들을 보라고

Ⓑ It / can make / them / overcome their difficulties.
　S　　V　　　　them　　OC
그것은　만들 수 있다　그들이　　그들의 어려움을 극복하게

Ⓒ The movie / can help / them / remove unpleasant memories
　　S　　　　V　　　O　　　　OC
그 영화는　　도울 수 있다　그들이　　불쾌한 기억들을 지우도록

　　(in the past).
　　　OC
　　(과거의)

READING 3

해석

슈퍼히어로 영화들은 또한 정신적인 이점을 가지고 있다. 당신은 '어벤져스'와 같은 것들을 보면서, 당신은 그들이 서로 돕고 있는 것을 본다. 당신은 그들이 함께 싸우기를 원한다. 그리고 이것은 당신으로 하여금 함께 일하는 것이 중요하다고 생각하도록 이끌 수 있다.

QUESTION 1

정답: ① / 해설: 함께 일하는 것이 중요하다고 생각하도록 이끈다는 내용이 나오므로, 정신적인 이점은 ①이 적절하다.

QUESTION 2

정답: ① / 해설: ⓑ와 ⓒ는 슈퍼히어로들을 가리킨다. ⓐ는 슈퍼히어로가 나오는 영화들을 가리킨다.

5형식 문장 분석

Ⓐ You / watch / them / helping each other.
　S　　V　　O　　　OC
당신은　본다　그들이　서로 돕는 것을

Ⓑ You / want / them / to fight together.
　S　　V　　O　　　OC
당신은　원한다　그들이　함께 싸우는 것을

Ⓒ This / can lead / you / to think [it is important to work together].
　S　　V　　　O　　　OC
이것은　이끌 수 있다　당신이　생각하도록 [함께 일하는 것이 중요하다고]

READING 4

해석

슈퍼히어로들은 나쁜 사람들이 우리를 해치게 두지 않는다. 동시에, 그들은 우리 마음에서 공포가 자라나는 것을 허락하지 않을 것이다. 그리고 그들은 항상 우리가 서로 돕도록 상기시킬 것이다. 그래서 우리는 슈퍼히어로들이 (정말) 특별한 힘을 가지고 있다고 말할 수 있다.

QUESTION 1

정답: 정답: ③ / 해설: 슈퍼히어로들의 특별한 힘은, 나쁜 사람들이 우리를 해치지 못하고 하고, 마음에 공포를 허락하지 않고, 서로 돕도록 이끈다는 것이다. ③ 공포를 없애서 악당에게 맞서게 한다는 내용은 언급되지 않았다.

QUESTION 2

정답: ① / 해설: 이 글의 전체 내용을 종합하며 내리는 결론 문장으로, So(그래서)가 들어가는 것이 가장 자연스럽다.

5형식 문장 분석

Ⓐ The superheroes / will not let / bad guys / harm us.
　　　S　　　　　　V　　　　　O　　　　OC
그 슈퍼히어로들은　~하게 하지 않을 것이다　나쁜 사람들이　우리를 해치게

Ⓑ They / will not allow / fear / to grow in our heart.
　S　　V　　　　　O　　　OC
그들은　허락하지 않을 것이다　공포가　우리의 마음 안에 자라게

Ⓒ They / always remind / us / to help each other.
　S　　V　　　　O　　　OC
그들은　항상 상기시킨다　우리가　서로 돕도록